米良の桜

宮崎から見た歴史断片

黒岩　昭彦 著

みやざき文庫 128

序――『米良の桜』刊行に寄せて

國學院大學教授　阪本是丸

昨年の夏、畏友黒岩昭彦氏から本を出版するので、不肖小生に序文を草するやう電話で依頼があつた。てつきり、これまでに精力的に調査・研究してきた「八紘一宇」に関する論考を纏めて出すのかと思つたが、さうではなかつた。どんな内容の本なのかと尋ねると、今までに発表してきたエッセイの類を集めたもので、学術的な専門書ではない。近代、特に昭和前期の神道と政治・社会に関はる論文を書いて書物にするにはまだまだ調査・研究する必要を感じてゐる、とのことであつた。

いかにも黒岩氏らしい控へ目な態度だと改めて思つたが、反面、一種驚きもした。要するに、黒岩氏がエッセイ集を？　といふ驚きである。しかし、この驚きはほどなく消えて、矢張り、蛙の子は蛙だな、黒岩君ならさもありなん、に変はつてしまつたのである。あの黒岩さんの息子なら、風貌だけでなく、文学的センスも継承してゐるのだらうし、それを小生が知らなかつただけのことであると得心した。

その得心が勝手な思ひ込みかどうかを証明してくれる、八月十四日付の「宮崎中央」の消印があるレターパックライトが自宅に届いた。早速開封して見てみると、小生の抱いてゐた得心を遙かに超える「得心」を得た。それは、父君である故黒岩龍彦宮崎神宮宮司の文学的センスに歴史的センスをもブレンドした、まるで司馬遼太郎ばりの内容のものであり、これこそ父親譲りのセンスがあればこそ、といふ得心であつた。その得心させてくれた本書の内容のほんの一端を紹介して、著者の「歴史的センス」を味はつてみよう。

第一章「明治の黎明」には「日向路の岩倉具視」が収められてゐる。ベルツによつて鉄の意志を持つ男と評された具視には世の毀誉褒貶では捉へ切れない、どこか虚無的な情念と諦観が漂つてをり、それが岩倉の決断と行動を生み出す源泉なのでは、と長い間思つてゐる。果たして著者はどんな岩倉像を描くのだらう。

著者は明治三年の鹿児島への勅使岩倉の動向などを描写しつつ、他方では勅使の役目を果たした後の日向路での岩倉にも目を向けてゐる。そこに描かれてゐるのは現実の日向路を歩く岩倉だけでなく、岩倉を通しての明治十年の日向路でもある。「今後訪れるであらう更なる障碍と対峙する覚悟が、勅使岩倉具視には漲つてゐる。暗澹たる将来への不安を抱きながらも、国家百年の大計を築く方途を模索する、日向路の岩倉であつたと思ふ」との結びに至るまで、著者の飽くなき史実への誠実な態度と、それのみでは語れない何かを「文学的センス」で読者に訴へようとする迫力がこの一文からも感じられた。何時か、是非とも岩倉についてじつくりと話してみたい、さう思はせてくれる一文である。

この他、本書には海軍中将・財部彪の父親で勤皇の志士・歌人であり、宮崎神宮の権宮司などを務めた財部実秋などとともに平泉澄、菊池武夫、北原白秋、夢野久作、吉田茂といつた著名な人物をめぐる史話も収められてゐる。その一々は紹介しないが、いづれも近代の宮崎県や宮崎神宮にゆかりのある人物を中心に描かれた一種の歴史評論であり、またやや長めの珠玉の歴史エッセイ集ともなつてゐる。内容的にも時期的にも、明治維新百五十年といふ記念すべき年にふさはしい書物が、国府《こくぶ》犀東《せいとう》のいふ「神国日向」の地から誕生したことを心から慶賀するものである。

本書の上梓を誰よりも最も慶賀してゐるのは、あの如何にも朴訥とした顔をなほ一層くしやくしやにして喜びの涙を流してゐる父君・黒岩龍彦大人であらう。そして、その龍彦大人と所縁のある今は亡き多くの人たちも、あの黒岩さんの息子ならば、次は頑張つて文学的センスに満ちた、近代日本の光と影に生きた時代と人物を描いた学術書を遠からず仕上げるだらう、さう思ふに違ひない。黒岩龍彦大人と不肖との縁を結んでくれた父も、きつと菊池の残党の末裔として『米良の桜』が咲いたことを、これもご縁ぢや、と喜んでくれることだらう。学者神主・黒岩昭彦氏の愈々の活躍を祈念して、拙き序の筆を擱く。

平成三十年一月

目次

米良の桜——宮崎から見た歴史断片

第一章　明治の黎明《れいめい》

第四章　神武天皇の「二千六百年」

第五章　戦争悲話……217

凡例

一、本書の表記は、歴史的仮名遣ひを原則とする。

・初出より歴史的仮名遣ひである『日本』掲載の四篇以外は、本書収録にあたり全て改めた。

一、但し、以下については現代仮名遣ひで表記した。

・現代仮名遣ひで書かれた文章の引用（二字落とし又は「　」で括つたもの）

・人名・地名等のルビ（例・田中河内介《かわちのすけ》　高城《たかじょう》）

・外国の地名や人名等のカタカナ表記（例・ニューヨーク　パプチャップ将軍）

一、「主要参考文献」並びに「初出一覧」は巻末に掲載した。

一、初出以降に新たに判明した点や誤字誤植等については、補筆訂正を加へた。

第一章　明治の黎明《れいめい》

寺田屋事件余話――大久保利武の詫言

「京都日出新聞」の記事

昭和史のとある事件を調査してゐた折、偶然にも「京都日出新聞」（昭和六年四月二十日付）に、京都伏見の大黒寺での慰霊祭の記事を見つけた。「殉難九烈士七十年祭――さくら散るけふ、伏見で厳かに執行さる」といふ小見出しである。その内容は寺田屋事件に関する記事のやうで、「墓前にぬかづく大久保祭典長」といふ大きな写真が一葉掲載されてゐる。この「大久保祭典長」とは、明治維新の元勲大久保利通の三男、大久保利武侯爵（貴族院議員）である。九烈士の遺品展覧会を始め、考証家渡邊盛永の講演、土屋大夢の新作琵琶歌、吉田大和ノ丞の浪花節等の余興もあつたといふから盛会であつた。「参列者数五百数十名に達した」と新聞は記す。また十八日記事にはこの祭典の顧問名簿が記され、「島津忠承《ただつぐ》公、西郷侯、大山公、床次《とこなみ》竹二郎氏、町田、財部両大将も入洛」

寺田屋殉難者九烈士の墓（京都・大黒寺）

とある。

「島津忠承公」とは、明治維新期の事実上の薩摩藩主ともいへる島津久光の孫で、玉里《たまざと》島津家の三代目である。また「西郷侯」とは、海軍大将西郷従道（元帥）の次男西郷従徳侯爵のことで、「大山公」とは大山柏公爵のことだらうか。陸軍大将大山巌（元帥）と日本女子教育の先駆者とも称すべき捨松との子で、考古学者としても著名である。

よつてこの記事から見えてくるものは、島津久光、大久保利通、西郷従道、大山巌といふ明治維新の元勲達の末裔が、この祭典に一同揃つて参列したといふ一事である。寺田屋事件の慰霊祭に、薩摩藩の流れを汲む関係者が参列することは至極当然のことといへよう。

ところが、この際に亡くなつた有馬新七な

どの「殉難九烈士」の他に、祭典長の大久保利武が薩摩藩士以外の五人の志士も加へることを提言したといふのである。事実、地元の「鹿児島新聞」（昭和六年四月十九日付）には慰霊者としてその名が出てゐる。この五人は何故に追加されたのか。筆者の興味は九烈士とは別の五人に向けられてゐる。

寺田屋事件

本題に入る前に、寺田屋事件について見ておかう。

そもそもこの事件は、文久二年（一八六二）四月二十三日に起こつた薩摩藩の内紛事件である。尊皇攘夷派の急先鋒であつた薩摩藩の有馬新七、久留米藩の真木和泉守《いずみのかみ》、但馬出身の田中河内介《かわちのすけ》の志士達は、関白九条尚忠と所司代酒井忠義の暗殺を決行すべく伏見の寺田屋に集結した。その目的の一つは、孝明天皇の妹和宮親子《ちかこ》内親王と第十四代将軍徳川家茂《いえもち》との婚儀を阻止することで、いはゆる「和宮降嫁」を仕切つてゐた九条と酒井を標的としたものであつた。

ところが、島津久光は公武合体路線であつたことから、有馬らの倒幕の先駆けとならうとする動きを鎮撫《ちんぶ》すべく、奈良原喜八郎ら剣術の達者な九人の藩士を遣はした。久光の命令を

伏見寺田屋

伝へ懸命に説得したが、それを血気に逸《はや》る有馬らが聞くはずもなく、薩摩藩同士の烈しい血闘となつたのである。

結果、有馬ら六名は討死し、二名は重傷を負ひ（後に切腹）、義挙に加はる予定であつた山本四郎は帰藩命令に服さなかつたので切腹を命じられてゐる。つまり、先述した「殉難九烈士」とはこの際に同士討ちにて命を落とした志士達のことで、よつてその亡骸が葬られてゐる大黒寺墓前にて、冒頭記事の通り「殉難九烈士七十年祭」が斎行されたといふわけだ。

ちなみに大黒寺は薩摩寺とも称される。島津家の護り本尊大黒天像が安置されてをり、祈願所とされたのである。伏見の薩摩屋敷にも至近なことから、京都における薩摩藩の拠点の一つになつた。問題はこの大黒寺において、九烈士の他に五人を慰霊せねばならない必然性が薩摩にあつたかどうかである。

それを知るためには、寺田屋事件に加はつた他の志士達の動向も見なければならない。事件後に薩摩藩では、各々の藩士を出身藩に護送したり自藩の者にも厳しい処分を下した。ところが既に脱藩してゐたり藩に帰れぬ事情の者もあつて、これらの者は薩摩送りといふ処置を採つて解決を図らうとしたのである。

どうやら五人とは、この薩摩送りになつた志士と関係してゐるやうである。

五人の志士

その手懸かりを与へてくれるのが『大久保利通日記』である。

文久二年四月二十七日（事件後四日目）の記述には、「浪人者田中一列、海賀二つに割り、お国人数も二つに分かち、今晩さし下され候」とある。

「浪人者田中」とは、寺田屋に潜伏してゐた田中河内介のことである。河内介は、但馬生まれであるが、尊皇家として名高い中山大納言忠能《ただやす》卿の諸大夫《しょだいぶ》として京都で奉仕した。明治天皇の御誕生前後から御幼少期に亘つて、「齋戒自粛朝夕親しく拝侍して、御傅育《ふいく》申上げた」

ことでも知られてゐる。そして「一列」に加はつたのは、その子田中左馬介である。未だ十七歳の少年であつた。

一方、「海賀二つ」とは、同じく寺田屋に集合してゐた海賀直求《かいがなおもと》（宮門）のことであらう。以下、『野史台　維新史料叢書』等を基に関係者の事績に簡単に触れておかう。

海賀直求は秋月藩（黒田藩支藩）の生まれである。隣藩の久留米藩にて、同藩の真木和泉守と並ぶ勤皇家として著名な池尻茂左衛門《もざえもん》塾で学んでゐることから、この地で和泉守や平野国臣との交友が生まれた。その後、幽閉を経て脱出、薩摩藩蔵屋敷の二十八番長屋で初めて河内介に面談し、一目でその人格に魅了されたといふ。

また、千葉郁太郎、中村主計《かずえ》といふ浪人もこの組に分けられたやうである。

千葉郁太郎は但馬藩出身で、出石《いずし》藩の堀田省軒《せいけん》に師事し儒学を修め、上京後に伯父河内介の薫陶を受け、その影響で国事に奔走することとなつたといふ。河内介の驥尾《きび》に付して寺田屋事件に加はつたのである。そして、もう一人の中村主計とは、肥前生まれで久留米藩出身北有馬太郎（中村貞太郎）の実弟である。北有馬は飫肥藩出身（現宮崎市清武）の儒学者安井息《そっ》軒《けん》の娘須磨子の夫であるが、勤皇の志士として著名な庄内藩士清河八郎を匿つた罪で捕らへられて獄死してゐる。兄弟二人は河内介と義兄弟の契りを結ぶ仲となり、その縁で主計は寺田屋事件に参じたことが解る。

つまり、「浪人一列」の組には田中河内介とその子左馬介、海賀直求の組には、千葉郁太郎、中村主計が同乗し（青水頼母も入れる説もある）、さらに二十二人の薩摩藩士も「二つに割り」、二艘の船で薩摩に向けて出航したことが、『大久保利通日記』と、以下述べる事件の検証によつて明らかとなつてゆくのである。

五人の変死体

京都から遠く離れた日向国で一つの事件が起こつた。文久二年五月四日のことである。日向灘に面した細島村（現宮崎県日向市細島）で三人の侍の斬殺死体が見つかつたのである。

この僻陬《へきすう》の平和な漁村を襲つた事件が、村民を震へ上がらせたことはいふまでもない。本来細島は富高陣屋《とみたかじんや》配下の天領であつたことから、役人以外は両刀をたばさんだ武士の姿など滅多に見ることはなかつた。そんな所に武士の変死体が上がり、無残にもズタズタに切り刻まれた状態であつたといふから大騒ぎになつたのは無理もない。村人は富高新町の代官出張陣屋まで走つて事件報告を行つた。

この日、陣屋に詰めてゐたのは長谷川孝平といふ役人で、遺体の検視を行ひ、詳細な「死体検分書」を作成してゐる。この三人の斬殺死体の一つについて検分書は、「右場所へ之有《これあり》

黒田の家臣の墓（日向市細島）中央.海賀直求、右.千葉郁太郎、左.中村主計

品《しな》左の通り」とし、続いて「ウコン木綿六尺ほど、右へ、平生心事 豈有他《あにたあらんや》 赤心報国唯四字 黒田家臣 海賀直求と認有之《したためこれあり》」と書いてゐる。つまりウコンの腹巻が「右場所」にあつて、その内側に書かれた文字によつて、この人物が黒田家臣の海賀直求であることが判明したといふのである。ただ残りの二遺体については何の手懸かりもなかつたが、海賀の線から寺田屋事件に関係してゐる志士であることが後に判明、それが前述した千葉郁太郎と中村主計であると特定されたのだ。

もう一方の田中河内介はどうなつたのか。

同年五月二日の早朝、讃岐の小豆島《しょうどしま》福田村の浜辺に二遺体が漂着した。二人共に後手に縛られ足枷《あしかせ》まではめられてあつたといふ。この二遺体こそが河内介とその子左馬介であつた。哀れ、河内介らも船中で斬殺され、播磨灘で海に投げ込まれたのであらう。島津久光の待機命令を破り上坂した西郷隆盛は、その罪によつて徳之島に流されることとなるが、このやうな事件の顚末《てんまつ》を知ると、「田中河内介と申すは中山家の諸大夫にて、京都において有名の人に御座候」と述べて、さらには「実に遺恨の事」とし、もはや「勤王の二字」を相唱和することが難しくなつたと嘆いたのであつた。よつて五名全員が斬殺されたのであつて、先の大久保利通の日記からしても薩摩藩が関係してゐることはもはや明白となつたのである。

志士達の斬殺は苦渋の選択であつたことはいふまでもないが、高島弥之助編『島津久光公』の著者はその苦悩を代弁して、「天定まつて人に勝つか、人定まつて天に勝つか、過渡時代に於ける幾多の事変には、尋常一般の通則を以て律すべからざるものがあつた」と記してゐる。

洵《まこと》に変革とは、かかる哀切の情の纏綿《てんめん》する血の犠牲を時として要求する。そして歴史とは、失はれるには余りにも惜しい人物の屍の上に築かれてゆくものなのであらう。

薩摩藩の慚愧の念

これらの志士を斬るやうに命じたのは、一体誰であつたのか。

島津久光の意向を忖度《そんたく》して、側近の中山尚之介、大久保利通、堀次郎（後の伊地知貞馨《いじちさだか》）の三人が協議して命令したといふのが通説となつてゐる。

一方、斬殺者について、宮崎の郷土史家三尾良次郎氏は、二艘の船には、監察四人と多数の足軽が警固のために同乗してゐたが、斬殺は彼らの仕業ではないとしてゐる。また三尾本を参考とした河野弘善氏は、寺田屋事件で捕縛された二十二人の薩摩藩士の仕業であつたことを、小説風に記してゐる。

なほ、それらの藩士の中には、後の陸軍大将大山巌、海軍大将西郷従道、「土木県令」「鬼県令」と称された三島通庸《みちつね》、西南戦争で西郷隆盛と決死を共にした篠原国幹《くにもと》らがゐたことが知られてゐる。このやうな背景を知ることによつて、冒頭述べた「殉難九烈士七十年祭」の意味も見えてくる。島津久光や大久保利通、さらには大山巌と西郷従道の子孫が祭典に参列したのは、もとより「九烈士」の慰霊が大きな理由ではあつたが、追加された五人の志士達の慰霊も懇《ねんご》ろにせざるを得ない理由があつたのである。

翻つて寺田屋事件とは何だつたのか。

尊攘派の志士達は、島津久光の上洛を倒幕の一大転機とすべく心待ちにしたのであつて、その久光への過大な期待が一方的であつたことに悲劇性があつた。久光はこの時点においては公武合体に向かつてゐたのである。ここに、薩摩藩士が同士相討つと共に、さらに尊攘派の志士さへも巻き添へにするといふ二重の意味での惨劇は起きた。歴史作家の海音寺潮五郎氏は、「薩藩維新史上の大汚点」と称してゐるが、後にこの顛末をお聞きになつた明治天皇のご宸襟《しんきん》を悲しませたのであつた。薩摩藩にとつては永遠に伏せておきたい痛恨事であつたに違ひない。

その薩摩の苦悩を奮然と乗り越えて、五名を慰霊の対象とするやう進言した大久保利武の決断は評価されて良い。もちろんその背景には、島津忠承の意向も反映してゐたであらう。慰霊祭典長であつた利武の祭文は千五百字にも亘るもので、その真摯な態度と声貌《せいぼう》は参列者を感奮興起させたのであつた。

大久保利武
慶応元年（1865）～昭和18年（1943）

候は烈士の精神を称へ、「抑《そもそ》も嘉永安政以来、内憂外患交々《こもごも》臻《いた》り、国維将に危からんとするに際し、幕府は尊王の実を失ひて専横を擅《ほしいまま》にし、大義名分を顧みずして暴威を揮《ふる》ふに至る。是に於て勤王の諸士、奮然として蹶起《けっき》し、天下に率先して倒幕回天の事を謀り、国家を泰山の如きに置かんとす。蓋し有馬新七君、田中河内介君等、実に之が唱首たり」

と述べた。

またその成果と同士討ちの惨劇については、「此等藩士の犠牲は、決して徒爾《とじ》ならず。後幾《いくばく》もなくして、王政古に復し、明治中興の偉業成り、諸士の志初めて貫徹するを得て、茲《ここ》に雲霧を排《ひら》きて天日四海に光被し、曩《さき》に親朋相搏《う》ち、彼我互に鬱結したる心情は、豁然《かつぜん》一掃して、光風霜月、又餘翳《よえい》あることなし」と喝破したのであつた。

ここに薩摩藩の慚愧《ざんき》の念と非業の死を遂げた五人の無念が、利武の諚言と相俟つて氷解したと信じたい。参列した元勲達の末裔の祈りと丁重な慰霊祭によつて、救はれる思ひのする余話である。

日向路の岩倉具視

勅使岩倉具視

慶応三年（一八六七）十二月九日に「王政復古の大号令」が発せられ、翌四年九月八日は明治元年一月一日となつた。従つて、平成三十年（二〇一八）は明治維新より数へて百五十年の節目の年にあたる。

約二百六十年の長きに亘つた徳川幕府は終焉し、天皇を中心とする近代国家の第一歩が踏み出されたのである。しかしながら、旧幕府側との内戦となつた「戊辰《ぼしん》戦争」は、明治二年五月十八日に終結する箱館戦争まで続いてゐたのであつて、封建制度や旧来の支配体制の枠組みが、一朝一夕に解決できようはずはなかつた。加へて新政府内にも、その方針の相違から新たな対立が生まれつつあつた。薩長出身者による官僚独善主義への不満が募り、尊皇攘夷派にとつては、開明的な施策への危機感や反発、さらには職にあぶれた旧武士階級の生活

岩倉具視
文政８年（1825）～明治16年（1883）
（写真提供：国立国会図書館）

の窮乏化も背景にあつたであらう。各地に不満分子が惹起《じやつき》しつつある未だ不穏な情勢であつた。

ここに至つて大久保利通や木戸孝允らの維新政府首脳は、新時代に相応しい強固なる「親兵」の必要性を痛感、薩長を中心とする統制のとれた軍隊を組織するために、明治三年十二月三日に勅使岩倉具視を以て藩主を説得するやうに勅令が下されたのである。その勅令とは、方今之形勢、前途之事業、実ニ不二容易一義付、毛利従二位、島津従三位上京、朕ヲ輔翼、大政ヲ賛成シ両藩一致戮力、諸藩ノ標準ト為リ、大ニ皇基ヲ助ケ候様、朕カ旨ヲ伝ヘ、誠意貫徹候様尽力可レ致二委任一候事。

といふものであつた。

かくして岩倉は、大久保、山県有朋、川村純義らを随伴して鹿児島に向かつた。正確を期すれば、「大久保は、明治三年十二月三日、木戸は五日、共に東京より来り、公に謁して商議する所あつた。是に於て、公は京都より大阪に入り、大久保、木戸等と会し、十五日、汽船に搭じて鹿児島に向つた」(徳富蘇峰『岩倉具視公』)のである。尚、木戸孝允は鹿児島には行かず、十六日に大阪を発つて山口に向かつてゐる。

この時の心境は大久保宛の手紙(明治三年十一月三日付)を見れば明白である。岩倉は「死すとも……成功せんとす、ならずんば再び帰来せざる決心」と綴つてゐる。この岩倉の鋼のやうな強い意志に押されるやうに、病床にあつた島津久光は勅使岩倉具視に拝謁、西郷隆盛ばかりか自らの上京をも約した。結果的には、久光は疾患に付き上京は適はなかつたが、約束をとりつけたことに岩倉は満足したことであらう。この時既に明治三年の大晦日を迎へようとしてゐた。

高城から高岡へ

鹿児島での任務を終へた岩倉具視は、十二月二十八日に大久保利通らと別れ、鹿児島を発して日向路へと向かふ。何故に岩倉のみがこのやうな行程を辿つたのかは不明である。

船で福山まで移動した一行は、翌二十九日には駕籠に乗り換へ夕刻に上三俣《みまた》郷（三股町）に到着して止宿した。翌日（明治四年元日・太陰太陽暦）は、薩摩藩の外城があつた高城《たかじょう》郷（都城市高城町）の「元地頭仮屋敷」に宿泊した。

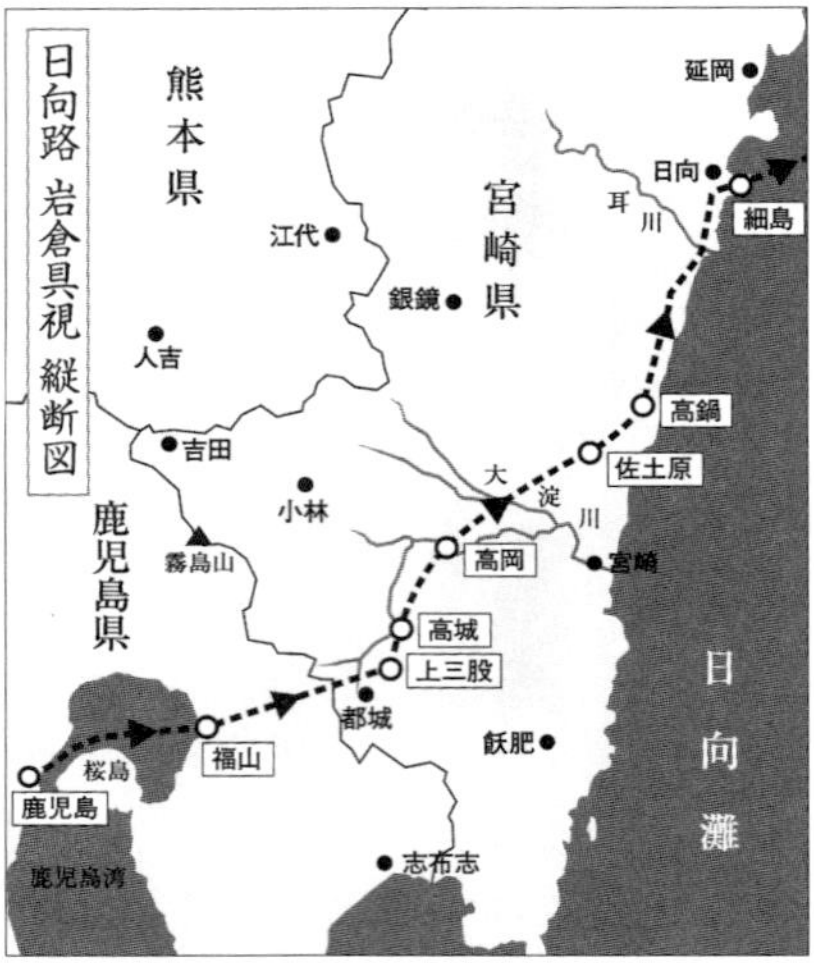

岩倉具視縦断図

ちなみに、薩摩藩には最も多い時には百三十一の外城があつた。外城とは島津宗家や分家を護る砦のやうなもので、地頭と呼ばれる薩摩藩から派遣された武士がこれを治めた。地頭以外は、武士といつても名ばかりで、平素は農業等に従事して生計をたてた郷士であつた。よつて、高城と後述の高岡は薩摩藩（島津宗家）が治める「直轄領」で、佐土原は薩摩の「支藩」（島津分家が統治）、都城は島津一族の「私領」といふ具合である。日向の諸藩は薩摩藩と密接なつながりを有してをり、その紐帯《ちゅうたい》が明治十年の西南の役での薩軍への参軍となるが、それは後の話である。

諏訪神社

明治四年の元旦を高城で迎へた岩倉は、高城郷士の年賀を受けた後に、祠官内藤利映の案内を受けて、穂満坊諏訪神社（現・諏訪神社）に初詣してゐる。この神社の前祠官井上多仲は井上石見《いわみ》（長秋）の一族であつた。石見は京都の岩倉村に蟄居《ちっきょ》中の岩倉を訪れ大久保との仲をとり持つたことでも知られる人物である。明治元年に箱館府判事を命じられた石見は、蝦夷《えぞ》各地の国土産物を調査、さらに樺太に渡り沿岸を巡視し終へた帰途に海上で遭難したのである。石見を偲びて、その所縁の神社に参拝したのであらうが、それが日向路の岩倉の目的であつたとは断じがたい。

そして翌二日早朝に出発した岩倉は、高岡郷（宮

「二見家住宅」（宮崎市高岡町）

崎市高岡町）に向かふ道すがらに高城神社で休憩してゐる。この荒れた神社の本殿の扉を従者に開けさせたところ、その殿内の柱に浮き彫りされてゐた菊花の紋章に声を発したと伝はつてゐる。皇室所縁の十六菊花紋が僻遠《へきえん》の神社の柱に刻まれてゐたことに驚愕したのであるが、「もったいないこと、篤く崇めて斎き祭れ」といふ言葉をのこした。この岩倉発言が契機となつたのであらうか、高城神社は明治五年九月に高城町中心部に正殿を新築し遷座してゐる。

またその日は、高岡士族二見休右衛門同武一郎宅で休憩した。薩摩藩の上級身分者が通行する際に、休憩、宿泊した「去川御仮屋《さるかわおんかりや》」であつた。薩摩藩の参勤交代の道（高岡筋または東目筋）に設けられた去川関所があつて、二見家が御定番（関所番）を約三百年間務めた。

『鹿児島県史・二』によると、この去川関には「東目送り」（永送り）といはれる忌まはしい噂があつた。藩外人の罪状が死刑相当の時には「東目送り」とし、この関から追放を申し渡すことになつてゐた。しかしながら実情は、高岡郷士によつて罪人は斬り捨てられる慣習であつたといふ。有名な勤皇僧・月照《げっしょう》もさうで、安政の大獄を逃れた月照は薩摩に逃れてきたが、幕府の糾弾を恐れた藩は「東目送り」とした。それに同行したのが西郷隆盛であつたが、同志ともいへる月照を西郷が斬れるはずもなく、共に錦江湾《きんこうわん》（鹿児島湾）に身を投じた。西郷のみが蘇生したのはよく知られた話である。

佐土原、高鍋を経て日向へ

正月三日の早朝に駕籠にて高岡を発つた岩倉具視一行は、都於郡《とのこおり》（西都市）にて昼食を摂つて佐土原（宮崎市佐土原町）に入つた。

既述の通り薩摩の「支藩」で、代々島津氏が統治した地であつた。そして最後の第十一代藩主（知藩事）島津忠寛《ただひろ》が岩倉を迎へた。この知藩事の三男に島津啓次郎といふ人がゐるが、西南の役で西郷隆盛に共感し城山において壮絶な最期を迎へることとなる。このとき島津忠寛は、よもや、岩倉らが創設する「親兵」によつて、自らの子息が生命を落とすとは夢にも思つてゐなかつたであらう。

そしてその後に高鍋（高鍋町）へ移動して四時に到着したと『岩倉具視関係文書』にある。天領に囲まれた地であり佐土原とは隣接してゐる。この地を治めてゐた秋月氏は、豊臣秀吉の九州征伐の際には島津氏とともに抵抗したが、後に秀吉に恭順《きょうじゅん》してゐる。関ヶ原の合戦の折に徳川方に寝返つた秋月種長は所領安堵されて、慶長九年（一六〇四）に高鍋に居城を構へ、以降は秋月氏が代々高鍋を統治したのである。当時の知藩事は秋月種殷《たねとみ》（第十代藩主）であつたが、その弟は有名な秋月種樹《たねたつ》である。種樹は、明治天皇の侍講《じこう》や明治新政府の公議所の議長なども務めてをり、この当時は民部大丞兼寺院頭であつた。秋月種殷・種樹兄弟も先の島津忠寛と同じで、二人の実弟・秋月種事《たねじ》は西郷に殉じてゐる。戦場となつた宮崎も鹿児島と同様に疲弊して、また多くの有能な人材を失つたのである。関係書籍を紐解くと、延岡隊八〇名、高鍋隊七八名、福島隊三五名、佐土原隊一〇六名、飫肥隊二〇四名、都城隊一三四名の士族らが、少なくとも戦死してゐる。明治維新の過程で生じた一つの「痛み」でもある。

ところで同日の岩倉文書に、「大参事酒田荄拝謁之事」とあるが、これは「坂田荄《はぐさ》」が正しい。明治初期の太政官時代には、議政官下局の議長（慶応四年五月二十四日～明治元年十一月九日）を務めたことから、議政官上局の議定であつた岩倉とは面識があつたと思はれる。後に奈良県の大和《おおやまと》神社や大神《おおみわ》神社宮司となり、『大神神社史』にも記述されてゐる。西南の役の折には、日向国一宮・都農神社の宮司として、官軍と薩摩軍の板挟みとなるが、最後まで中立を貫いた人でもある。

岩倉一行は四日の午前三時に出発し、美々津（日向市）にて昼食を摂り、黒水高鍋藩権大参事と吉田大属の拝謁を受けて、夕刻に細島（日向市）に到着してゐる。細島は交通の要衝で、薩摩藩の内紛（寺田屋事件）の余波を受けて殺された、海賀宮門《かいがみやと》、中村主計《かずえ》、千葉郁太郎の三人の遺体があがつた地であり、西南の役では官軍の大本営もこの地に置かれた。明治維新前後にかけて歴史の一ページを飾つた地なのである。

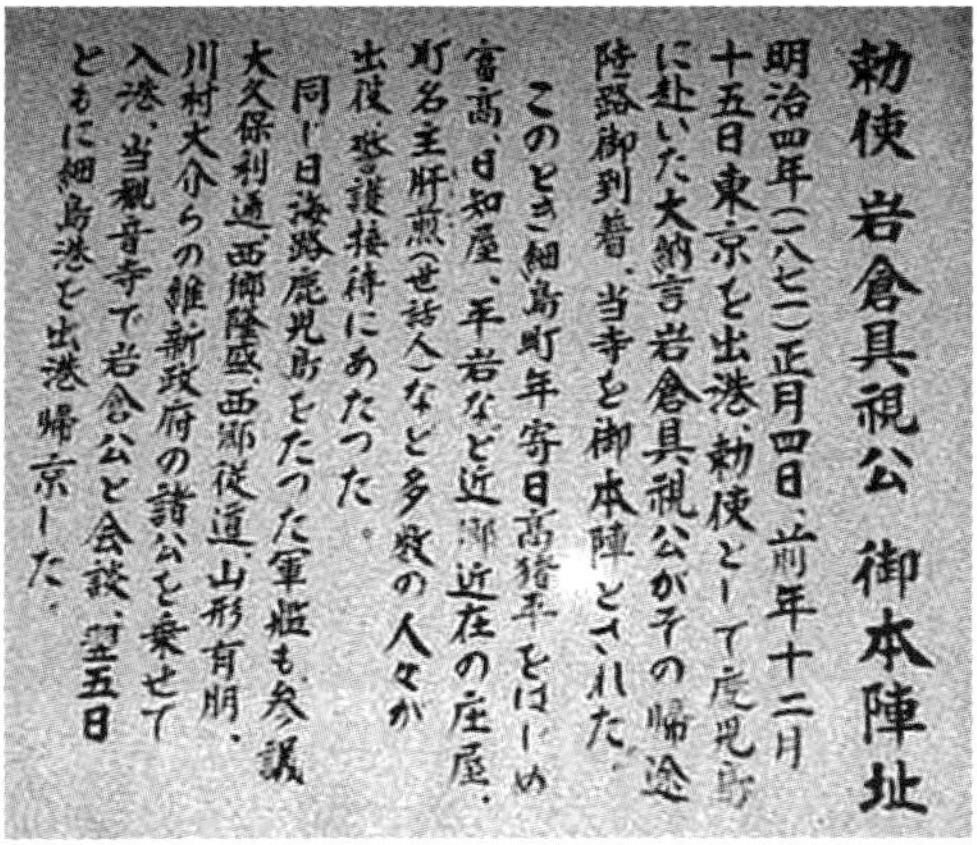
勅使 岩倉具視公 御本陣址
明治四年(一八七一)正月四日、前年十二月十五日東京を出港、勅使として鹿児島に赴いた大納言岩倉具視公がその帰途陸路御到着、当寺を御本陣とされた。

このとき細島町年寄日高猪平をはじめ富高、日知屋、平岩など近郷近在の庄屋・町名主肝煎(世話人)など多数の人々が出役、警護接待にあたつた。

同じ日海路鹿児島をたつた軍艦も参議大久保利通、西郷隆盛、西郷従道、山形有朋、川村大介らの維新政府の諸公を乗せて入港、当観音寺で岩倉公と会談、翌五日ともに細島港を出港帰京した。

観音寺の由緒書（日向市）

宿泊地は細島の観音寺であつた。この寺には急勾配の石段があるが、地元住民の話として、「あの観音寺の急な階段を、かごに乗られたままで昇り降りされた。どんげえらいもんじゃろか」と、感心したことが伝へられてゐる。また、岩倉の到着に合はせて西郷隆盛、弟の西郷従道、また大久保利通や川村純義、さらに長州の山県有朋等の明治の元勲達が一堂に会したのであるから大変な騒ぎとなつたことはいふまでもない。村民総出で奉送迎したであらうことは、『日向市の歴史』によつてわかる。

そして翌五日、細島港の屋形船から沖合に停船してゐた火車船に乗り換へ、木戸孝允が待つ山口へと向け出航したのである。

明治新政府の礎

江戸幕府が崩壊し明治新政府が誕生したとはいふものの、岩倉具視や大久保利通らの首脳達が安閑とした情況になかつたことはいふまでもない。

明治元年九月二十日には明治天皇が東京に行幸《ぎょうこう》され、十月十三日に旧江戸城に入城されたことから、新皇居となつた。ところが京都市民の心情に配慮して翌二年には御還幸《ごかんこう》遊ばされてゐる。京都と東京遷都の板挟みにあつて岩倉は苦悩したであらう。未だ江戸時代同様に各藩による統治が行はれてゐたのであり、ここに「版籍奉還」による、諸大名が治めてゐた領地や領民を天皇にお戻しし、中央集権化を進めようとの施策も生まれるのである。七月に行政組織の改編が実施されて、岩倉は三条実美右大臣の補佐役となる大納言に就任してゐる。

しかしながら、この職制を担ふことは命懸けの仕事となつた。

明治二年一月五日には、「維新十傑」の一人、肥後の横井小楠《しょうなん》が襲はれ死去した。また同年九月四日には長州の大村益次郎が襲撃され、十一月五日にその傷が悪化して亡くなつたのである。そして同四年一月九日、つまり岩倉が日向細島港を発つた四日後に、長州の広沢真臣《さねおみ》も暗殺された。一方、尊皇攘夷派の大楽《だいらく》源太郎は惨殺され、また川上彦斎《げんさい》などは捕らへられて斬罪となつてゐる。その尊攘派への弾圧は平田派の矢野玄道《はるみち》（国学者）らに飛び火してゆき、同四年三月に国事犯の嫌疑で幽閉されてゐる。このやうに世情極めて不安定な時期に、岩倉は従者を引き連れて日向路を駕籠で縦断してゐる。薩摩藩ゆかりの地とはいふものの、真に肝の据わつた公家といはねばならない。

何《いず》れにしても、岩倉や大久保らの所期の目的は達成されたのかどうかである。島津久光に上京を命じられた西郷隆盛は明治新政府の参議に任命され、薩長土肥からなる約八千名の天皇の「親兵」が組織された。各地の抵抗勢力を鎮圧するほどの実力も付けて、同四年（一八七一）七月に「廃藩置県」が断行されたのであつた。これにより、藩を治めてゐた「知藩事」（旧藩主）は失職、各県には知藩事に代はつて「県令」が中央政府より派遣されることとなつたのである。さしたる混乱も見られずに中央集権化がすすみ、平和裡に我が国の近代国家への歩みが踏み出されたことは奇跡的であつた。

かくして、明治新政府の礎はまた一つ固められたのであるが、未だ油断など出来なかつた。

明治六年政変（征韓論）の政治論争によつて二分した政局の余波は、遂に岩倉にも降りかかつた。明治七年「岩倉具視遭難事件」である。そして、長州の「萩の乱」や、肥前の「佐賀の乱」を経て、最終的には明治維新の最も大きな功績をのこした西郷の死（西南の役）を以て落ち着いてゆく。ただその後も、土佐などの自由民権運動への対応に追はれるのである。薩長土肥の西国雄藩の力を頼つて成就された明治維新は、皮肉にも、それら雄藩の力をそぎ落とすことによつて初めて安定性を増すといふ逆説が見られる。

岩倉がそこまでを予見してゐたかどうか知る由もないが、今後訪れるであらう更なる障《しょう》碍《がい》と対峙する覚悟が、勅使岩倉具視には漲つてゐる。暗澹《あんたん》たる将来への不安を抱きながらも、国家百年の大計を築く方途を模索する、日向路の岩倉であつたと思ふ。

谷干城将軍の感涙——日記に見る宮崎所縁の人物との交流

谷干城の日記

明治三十二年（一八九九）三月七日から同年四月三十日にかけて、宮崎県はかつてないほどの賑はいを見せた。「神武天皇御降誕大祭」を中心とした奉祝行事が宮崎宮（現・宮崎神宮）の神苑等を主会場に賑々しく斎行されたのだ。

その奉祝期間中に一人の明治維新の元勲の来宮があつた。土佐藩出身で、幕末期には武市《たけち》半平太《はんぺいた》と共に尊皇攘夷を唱へ、また坂本龍馬、中岡慎太郎、後藤象二郎等とも交はり、戊辰《ぼしん》戦争にも出陣した志士である。その名は谷干城《たてき》といふ。伊藤博文内閣で初代農商務大臣を務め正二位勲一等子爵となつた。その谷将軍が、来宮の前後の記録を日記に遺してゐたことを知つたのは、筆者としては一つの発見であつた。

そこで、将軍自身の「明治三十二三年記」（『谷干城遺稿』）に見える該当記述を参照しながら、来宮の経緯と、日記に見える人物との交流を紹介し分析してみようと思ふ。

神武天皇御降誕大祭と谷将軍

谷干城将軍は四月二日に、「赤十字総会の由に付参場、若宮殿下保証御授与あり、終りて午食の饗あり場所は宮崎宮の境内なり」と記し、

土肥人朴自天真　高祖流風到所新
想起三千年外事　萬民齋仰古都春

と漢詩も詠んでゐる。

宮崎県は土が肥えて、また県民は素朴でおほらかといふ。高祖（神武天皇）は新所にお遷りになられたが、その昔を思ひ起こし、万民は「古都の春」を等しく仰いでゐる、といつたやうな意味であらうか。宮崎の人や風土が気に入り気分良く一連の行事に参加した様子が窺へる。

そして四月四日には、宮崎宮の元宮である皇宮《こうぐう》神社（現宮崎神宮摂社）に参拝した。井上某

なる神官が詳しく神社の由来を説いたやうで、神社前に据ゑられてゐる「経壟記《けいろうき》」の碑文内容が詳細に記述されてゐる。同日、「宮崎宮に立寄、奉納の射的弓砲を観る、又社務所に到り宝物類を拝看す、二條公、島津伯等来会なり、余は先つ辞して帰る」とも記してゐる。この「二條公島津伯」とは、二條基弘公爵と島津忠亮《ただあきら》伯爵に相違ない。何故ならば、四月五日に斎行された「神武天皇御降誕大祭」に三人は一緒に参列してゐるからである。神武天皇御降誕大祭とは、宮崎宮ご祭神・神日本磐余彦天皇《かむやまといわれひこのすめらみこと》（初代神武天皇）がご誕生になつて二千六百二十年に相当するとし、未だ国民に認知度が低い現状を解消すべく、宮崎宮及びその別宮狭野神社を荘厳なものとし、神武天皇を顕彰しようといふものであつた。

谷干城　天保８年（1837）〜明治44年（1911）
（写真提供：国立国会図書館）

そしてこの会の総裁に二條公が、会長に島津伯が就任したのであつた。また幹事長に就いたのが「ビタミンの父」としても著名な、宮崎市高岡出身の高木兼寛《かねひろ》（海軍軍医総監）である。爾来、約十年間に亘り宮崎宮ご社殿造営等の全国募財が展開される。途中に日露戦争を挟む国難もあつたが、同三十二年度より国費一万五千円が七年間に亘り拠出され、そして明治天皇よりご内帑金《ないどきん》一万五千円も賜つた。同四十年十月二十一日に無事に竣工奉告大祭が斎行されるのである。

そして知るべきは、その神武天皇御降誕大祭会に「補助金を交付するの建議案」の帝国議会提出者の一人は谷将軍（貴族院議員）で、さらに「極めて謹厳なる口調」で提案説明を行つたのも将軍であつたことだ。故に宮崎宮の神武天皇御降誕大祭に参列、皇宮神社にも参拝したのである。この時に詠んだ歌も記されてゐる。

諸人《もろひと》よかしこみたまへ日の本を
　その日の本の元は此の国

将軍が宮崎県のことを「日の本」の「元は此の国」と高唱してゐるのは、記紀の神武建国神話に由来してゐることはいふまでもない。

谷将軍と谷村計介伍長

谷干城将軍にとつて、宮崎滞在中の四月三日は有意義な一日であつたといへよう。当日は「二十三連隊の対抗運動あり赤十字社看護婦傷者手術等」（当時の記録には「日本赤十字社宮崎支部救護演習」とある）諸行事があつたが、風邪ぎみで「旅宿に帰る」とある。ところが、「谷村計介氏の養子の実父佐竹義篤氏及計介の姉坂本ワカ女」の面談は受けたとの記述が続いてゐる。

この谷村計介《けいすけ》とは、かつて「軍人の亀鑑《きかん》」と呼び称された宮崎市倉岡出身の人物で、佐賀の乱や神風連の乱、西南の役にも出征して活躍した軍人である。殊に西南の役では薩摩軍に包囲された熊本城から決死の覚悟で脱出して官軍の窮地を救つたことで知られてゐる。その武功は後年になつて称へられ、国定修身教科書巻三に取り上げられ、小学校唱歌「谷村計介」といふ歌まで作られた。

谷村計介　嘉永6年（1853）～明治10年（1877）
（写真提供：国立国会図書館）

かつて宮崎神宮にも「谷村計介像」が存在した。都城出身の上原勇作元帥が中心となつて建立したもので、宮崎交通バス社長の岩切章太郎らも協力した。第一鳥居横の境内地広場（宮崎市江平）に大正十五年十月二十四日に建てられたが、昭和十八年十二月八日、県民に惜しまれつつ供出されてしまつた。もちろん谷将軍来宮の時にはまだ存在してゐない。

銅像にもなつた谷村の「養子の実父佐竹義篤」と、何故に谷将軍は面談したのか。

その理由は谷将軍こそが、西南の役の際の熊本鎮台司令長官であつて、谷村伍長に密使を命じたその人であつたからだ。谷村は熊本城を脱出した後に、薩軍に二度捕縛されるが何れも脱出に成功して、第一旅団長の野津鎮雄《のづしずお》少将に熊本城の窮状を報告し任務を終へた。この武功は『第二旅団参謀日記』に記録され、また鮫島重雄大将の懐古談にもある。「襤褸《らんる》の布子を着て、土や何かで汚れきつてゐて、丸で乞食のやうであつた」といふ。そして野津少将の前へ連れ出すと、「彼は泫然と涙にかき暮れて、暫く言葉を発することが出来なかつた」ほどに憔悴《しょうすい》してゐた。

そして谷村伍長は明治十年三月四日田原坂で戦死を遂げた。ただその末路は、決して後の教科書記述や唱歌に謳はれたほどに華々しいものでなかつたことは知らねばならない。

郷里倉岡の地は旧薩摩藩の直轄地であつて、谷村の兄坂本祐光、姉婿の加藤利易、従弟の黒葛原《つづらはら》兼延など谷村と縁続きにあつた人達は西郷軍に従軍し、そして皆戦死したのであつた。つまり倉岡から見れば官軍側で活躍した谷村こそが賊軍であつて、その死に際し、村人の反応は極めて冷ややかなものであつたといふ。

それもそのはずで、出征した六十四名中官軍側に付いたのは、既に入隊してゐた谷村含め二人しかゐなかつたのだ。伍長の戦死賜金受領のために鹿児島県庁（宮崎は鹿児島県に編入されてゐた）に向かつた実父坂本利右衛門は、その途次何者かに銃殺されてゐる。

谷村伍長の姉わさ

谷干城の四月三日記事中、さらに「姉坂本ワカ来るワカ女は先年東京に来りし事あり面会の覚あり」とあるのは注目される。

「姉坂本ワカ」とあるが、これは実姉「わさ」のことで谷将軍の誤認に拠るものと思はれる。わさは谷村伍長より八歳年長だつたが、伍長は姉を実母の如くに慕ひ、また姉も弟を我が子のやうに慈しみ育てたといふ。伍長を産んだ実母うめは三カ月後には死去、母を亡くした弟のために、姉は「もらい乳」をして懸命に育て上げたのだ。

この谷村伍長への情が如何に深いものであつたかを示す逸話が遺されてゐる。西南の役で熊本城籠城の際に谷将軍を補佐した後の大将児玉源太郎（長州）の話であるので貴重である。児玉はその回顧録『熊本籠城談』（明治三十三年）に、「明治十八年、計介の碑九段に建設さる、や、姉其の祭典に列せんことを親戚に乞ふも許されず、乃ち一夜脱して宮崎より船に乗り数百里の途を遠しとせずして祭典の式場に列した」と語つてゐる。当時宮崎から東京まで何日かかつたか解らないが、船に乗つて東京まで無断で出かけ、靖国神社境内に建てられた「軍人亀鑑」碑（有栖川宮熾仁《たるひと》親王殿下ご親筆）の除幕式に参列したといふから驚かされる。日露戦争にあつて、満州軍総参謀長として勝利に貢献した名将さへも感動させた美談である。

そしてこの碑の建設発起人となつたのが谷将軍で、碑文も将軍の撰に拠る。現在この石碑は九段会館敷地内に聳えてゐるが、老朽化に伴ふ会館新築工事が予定されてゐて近くで拝観出来ない。是非とも石碑は同地に遺してもらひたいものである。

ところで、靖国神社の「軍人亀鑑」碑の落成日を児玉大将は「明治十八年」と語つてゐるが、実際は明治十六年五月六日の靖国神社大祭日であつた。この際に谷将軍は姉わさに面談したやうである。東京を初めて訪れたであらう谷村の姉との面談は、余ほど印象に残つたのであらう。冒頭で述べた日記の「先年東京に来りし事あり面会の覚あり」とは、そのやうな意味である。

師・安井息軒の一族

安井小太郎
安政５年（1858）～昭和13年（1938）

安井息軒　寛政11年（1799）～明治９年（1876）
（写真提供：安井息軒記念館）

谷干城将軍は四月三日にさらに来客があつたと記してゐる。「安井撤、同一徳、二氏来る、息軒先生の同姓なり、小太郎氏の手紙持参せり」とある。この日記にある「息軒先生」とは宮崎市清武出身の儒学者安井息軒であることはいふまでもない。

谷将軍が息軒の江戸の三計塾《さんけいじゅく》で学び始めたのは安政六年十月十七日のこと。以後三年間に亘り息軒のもとで中庸《ちゅうよう》の精神を身につけた。谷将軍が如何に師息軒を尊敬し恩義を感じてゐたかは、「隈山《わいざん》詒《い》謀録《ぼうろく》」に「我れの人となりしは実に我が父と我が師と我が妻の恩なり」と記すところである。手紙も同書に三通残されてゐる。

安井息軒は水戸藩の藤田東湖《とうこ》と交はり、後の外務大臣陸奥《むつ》宗光や松下村塾でも学んだ長州の品川弥二郎など、新生日本で活躍する多くの人材を育て上げた。明治新政府の転覆を謀つたとして処刑された雲井龍雄や、暗殺された参議広沢真臣も三計塾で学んだ。

息軒の教育方針は余ほど特徴的であつたと見えて、谷将軍は、「先生の塾、塾頭を置かず」「其の人を撰ふや、必す学力に依らす、又新古に依らす、儕輩《せいはい》中に就き、人物の秀てたる者を命すを例」としたと記してゐる。

ところで、「小太郎氏の手紙持参せり」とあるが、これは息軒の孫安井小太郎のことであらう。息軒と妻の佐代（森鷗外の小説「安井夫人」で有名）には六人の子がゐたが、その五人は夭逝《ようせい》し唯一残つたのが長女の須磨子であつた。そして小太郎とは、この須磨子と北有馬太郎（肥前）との間に生れた子で、息軒の孫に当たる。小太郎の父、北有馬は、庄内藩の清河八郎を匿つた罪で捕らへられて獄死してゐる。よつて、身内のゐなくなつた孫の将来を息軒は案じて、谷将軍と三計塾の最後の塾頭倉田幽谷《ゆうこく》に面倒を依頼したといふわけだ。

実際に谷将軍は、息軒亡き後に安井家の後事を見た。その理由は、師への恩返しといふ意味だけではあるまい。谷家は山崎闇斎《あんさい》門下の大学者谷秦山《じんさん》を祖先に持ち、また父、谷景井《かげい》は儒学者で、谷将軍はその四男として生まれた。ところが三人の兄達は皆夭逝してしまつて、結果的に将軍が谷家の跡取りとなつた。安井を名乗る二人の使者が、「小太郎氏の手紙」を将軍に届けた背景には、酷似した境遇の両家の繋がりがあつたのである。

なほ、安井家を引き継いだ小太郎は、学習院、第一高等学校、東京高等師範などで教鞭を執つて、息軒の後継者となつた。『日本儒学史』『経学門徑』『論語講義』等の著作も遺してゐる。

「義」の人

明治維新の元勲でもある土佐藩の谷干城将軍の、明治三十二年四月二日から同四日までの日記を基に見て来た。赤十字総会や宮崎宮の神武天皇御降誕大祭に係る諸祭典に出席したことが解つた。ちなみに、日本赤十字社の前身は博愛社といひ、その設立は明治十年の西南の役が切つ掛けであつたことが知られてゐる。谷将軍が赤十字総会に参列した理由も故あることであつた。

ただこの間、風邪気味であつたとし、二日夕刻の赤十字の小宴や、三日の「二十三連隊の対抗運動」と「赤十字社看護婦傷者手術」も欠席してゐる。そして宮崎県知事の案内さへも断つてゐるが、その間に訪れた来客者とは面談してゐる。つまり宮崎に来て谷村計介と安井息軒につながる身内の人間には、どうしても逢つておきたい義理を持つてゐたのである。

この点は、土佐でいふ「いごっそ」と呼ばれる反骨精神の表れであらうか。

西南の役の功績により陸軍中将に昇進し、陸軍士官学校長にもなつたが、明治十四年の台湾出兵で戦死した将兵の遺体を一部の地方官が乱暴に扱つたとし抗議の辞任をしてゐる。また同十八年に伊藤博文内閣の農商務大臣に就任するも、内閣の欧化政策を批判して辞任、日露戦争にも反対してゐる。決して権力に阿《おもね》らない性格の人であつた。その一方では、身分の上下を問はず、師や世話になつた人々への義理は果たす人でもあつた。

谷村計介の姉わさに面談した時の様子を、前掲本に児玉源太郎大将が綴つてゐる。「計介の事を思ひ出で、今昔の話に感涙を催」したといふ。

谷将軍の胸に去来したものは、師である安井息軒の面影であり、熊本城で密使を命じた時の、谷村伍長の精悍な容姿であつたに違ひない。

第二章　宮崎神宮信仰余滴《よてき》

勤皇の志士財部實秋の生涯

宮崎神社権宮司

財部實秋　文政９年（1826）～大正２年（1913）
（宮崎県立図書館所蔵『都城前賢傳』より）

『神武天皇論　宮崎神宮史』には、明治以降の「歴代宮司・権宮司《ごんぐうじ》・禰宜《ねぎ》一覧」があり、凡そ百二十年の宮崎神宮上席者の変遷を知ることができる。

　奉仕神社のご祭神と先人の顕彰は、後進の使命の一つである。その意味において、明治八年九月から同十一年三月まで宮崎神社（当時）に奉職、権宮司も務めた財部《たからべ》實《さね》秋《あき》は、是非とも紹介しておきたい人物の一人である。

その名は、「戦艦日向」に祀られた艦内神社と宮崎神宮との関係を調査してゐた時に知つた。「戦艦日向」の予算編成などに海軍次官として関与したのが財部彪《たけし》で、大正から昭和初期にかけ海軍大臣を五度務めた軍政家でもあるが、實秋こそがその軍人の実父であることを知り、興味を抱いたのである。

日州の歌人

財部實秋は通称を雄右衛門といひ、文政九年（一八二六）十二月二十一日に現在の宮崎県都城市に生まれてゐる。天保八年、十二歳で領主島津氏の児小姓《ちごしょう》ついで小姓《こしょう》に至り、嘉永元年六月に家老座書役となつた。秘書や書記を務め、また書も秀でてゐた。

實秋等の編纂した歌集に『都島集《みやこじま》』があるが、その達筆たるや目をみはるものがある。「宮崎新報」（明治三十七年一月一日付）に纏められた「県内人物批評」には、「君は日州歌壇の支配権を有す。書に気骨あるは、その師八田知紀《はったとものり》翁を凌駕《りょうが》すべし。年耳順《じじゅん》を喩《たと》へて、猶ほ矍鑠《かくしゃく》たり」とあつて、書では師を凌ぐ腕前との評である。

八田知紀とは、宮内省の歌道御用掛を務めた歌人である。實秋は余暇を利用して八田に和歌を学んだといふ。肥田木重文の「八田知紀翁と都城」によると、八田が初めて都城を訪れたのは嘉永四年十月のことであつた。薩摩藩のお家騒動（「お由羅騒動」）によつて八田は都城西岳の明観寺に屏居《へいきょ》の身となるが、一年後には赦免され、そのまま都城に残つたといふわけである。そして、最初に居候したのが實秋宅で、二人の関係はここに生まれた。また明治三年にも八田は来都してをり、同五年には「都城歌会」が結成されたのである。實秋が成果を収めた歌集に、『稲の垂穂』『梅廼舎《うめのや》集』『布留廼舎《ふるのや》の塵』『蔦の朽葉』の編著がある。かくして實秋は都城では押しも押されもせぬ歌人となつた。

財部彪　慶応３年（1867）～ 昭和24年（1949）
（宮崎県立図書館所蔵『いま甦る提督財部彪』より）

上原勇作　安政３年（1856）～ 昭和８年（1933）
（写真提供：国立国会図書館）

子息彪が海軍兵学校を優等で卒業した時の逸話がある。龍岡資峻が彪に名刀を贈つて祝意を表したところ、實秋は即座に、

武士のはくや心の剣太刀
そのきれ味は知る人ぞしる

と詠じたといふ。武士であり、和歌も嗜《たしな》む文人としての才に溢れた人物像が浮かび上がつてくる。因みに、龍岡資峻とは陸軍元帥上原勇作の実兄である。上原元帥は、後に財部彪とその妻イネ（稲子）との婚儀にあたり媒酌人も務めてゐる。イネは二度に亘り首相を務めた海軍大将山本権兵衛の娘である。

戊辰の役（戊辰戦争）に従軍

一方、財部實秋は勤皇の志士でもあつた。

安政二年（一八五五）七月より秘流槍法を北郷資常《ほんごうすけつね》に学び、免許皆伝も授けられたといふ。資常は實秋の二歳年長、都城藩の家老職にあたる家柄で、戊辰の役には先鋒《せんぽう》隊として従軍、

奥羽各地を転戦した。いはば實秋の師匠であり同志でもあつた。幕末時の島津私領都城の立場は明確であつて、薩長同盟締結を以て、尊皇攘夷の気運は彌が上にも盛り上がつたのである。

慶応三年（一八六七）に島津忠義が兵を率ゐて上京すると、實秋は都城一番隊一二三名と共に東寺に陣を構へた。そして鳥羽伏見の戦ひが始まると、旗手として陣頭に立ち奮戦した。大坂、兵庫、姫路を警固し六月には江戸に至り奥羽に出征、会津戦では、友人が敵二人と戦ひ危急が迫つた折に、それを斃して驍名《ぎょうめい》を轟かせたといふから剣も達者であつた。

そして、實秋の評価を現在に知らしめてゐるのは、「主宰随従書記《しゅさいずいじゅう》」として都城一番隊の従軍記録を『戊辰之役実録』（三巻）に纏めたことであらう。この稀覯本《きこうぼん》は「都城島津邸」が所蔵してゐるが、實秋の詳細な記録によつて我々は、今日その概要を知ることが出来る。

慶応三年十二月十八日の記事には、「今夕七字比京街道（伏見街道）墨染手前丹波橋辺ニ而兵士両三人ヲ列タル騎士エ浪士共発砲二発家来壱人小者壱人即死、騎士ハアット呼リ鞍ノ前輪エ打伏シ速足ニ而役屋敷迄駆込シヨシ」とある。

この時撃たれた馬上の主は、新撰組組長の近藤勇であつた。近藤は永井玄蕃頭らと軍議を謀り伏見奉行屋敷に帰る途中に篠原泰之進らに襲はれたが、一命をとりとめて屋敷に駆け込んだ。通説では、落馬した近藤は小者に抱き抱へられて屋敷に辿り着いたとされてゐたが、

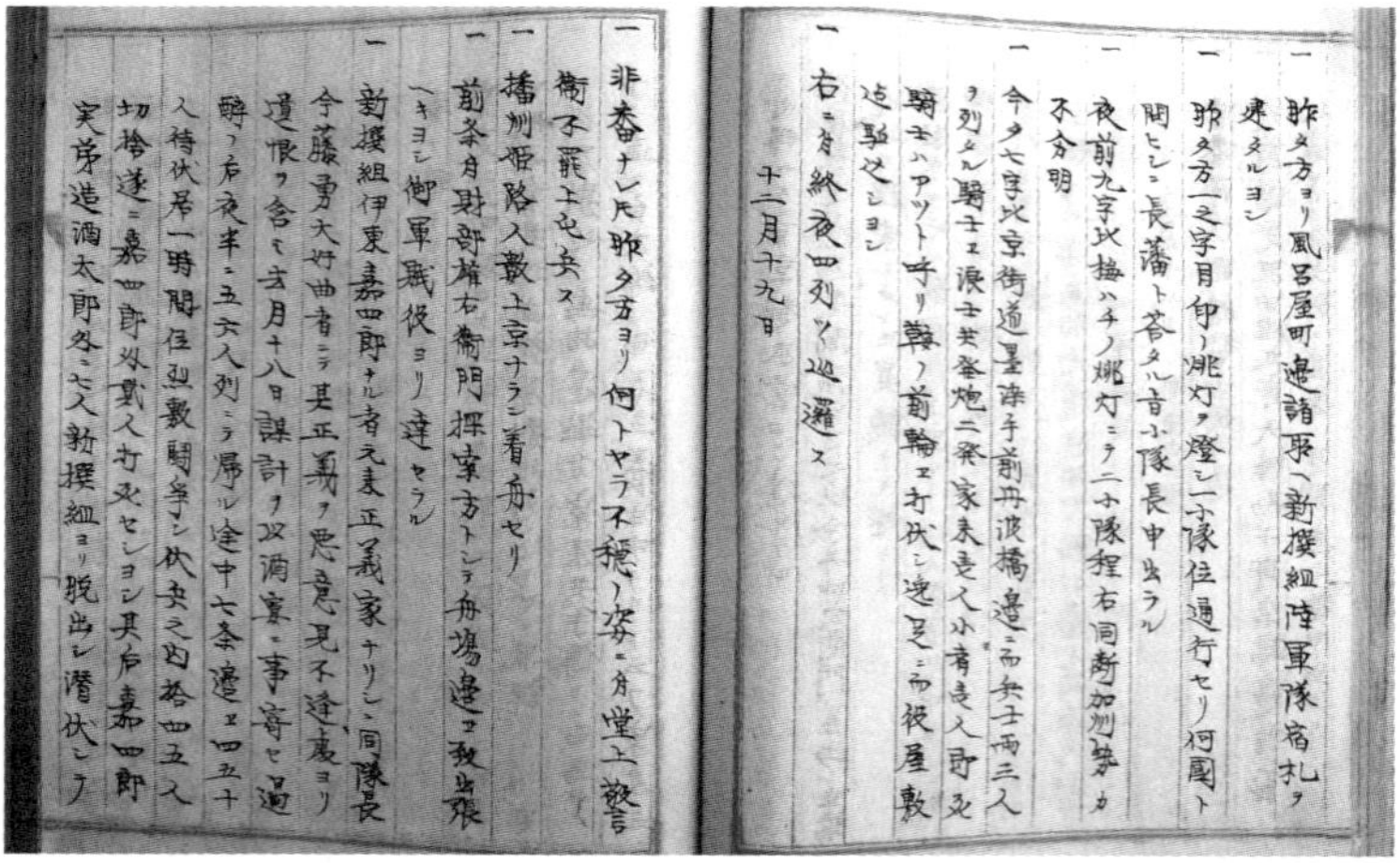

一 非番ナレ氏昨夕方ヨリ何トヤラ不穏ノ姿ニ付堂上警
衛ヲ罷エ屯兵ス
一 播州姫路入数上京ナラシ着舟セリ
一 前条ニ付財部権右衛門探索方トシテ舟場邊エ致出張
ヘキヨシ御軍職役ヨリ達セラル
一 新撰組伊東嘉四郎ナル者元来正義家ナリシニ同隊長
今藤勇大好曲者ニテ其正義ヲ悪意見不逢處ヨリ
遺恨ヲ含ミ去月十八日謀計ヲ以酒宴ニ事寄セ過
酔ヲ占夜半ニ五六人列ニテ帰ル途中七条邊エ四五十
人待伏居一時間位烈敷闘争シ伏兵之内拾四五人
切捨遂ニ嘉四郎外弐人打死セシヨシ其后嘉四郎
実弟造酒太郎外ニ七人新撰組ヨリ脱出シ潜伏ニア

一 昨夕方ヨリ風呂屋町邊諸所ヘ新撰組陸軍隊宿札ヲ
建タルヨシ
一 昨夕方一之字月印ノ挑灯ヲ燈シ一小隊位通行セリ何國ト
問ヒシニ長藩ト答タル旨小隊長申出ラル
一 夜前九字比播ハチノ挑灯ニテ二小隊程右同断加州勢カ
不分明
一 今夕七字比京街道墨染手前丹波橋邊ニ而兵士両三人
ヲ列タル騎士エ浪士共發炮二発家来壱人小者壱人討死
騎士ハアツト呼リ鞍ノ前輪エ打伏シ逸足ニ而役屋敷
迄馳込シヨシ
一 右ニ付終夜四列ツヽ巡邏ス
十二月十九日

『戊辰之役実録』
（慶応３年12月18日記事　都城島津邸蔵）

實秋の報告は真実を照射してゐる。

勤皇の志士、そして書記としても存分な働きをした實秋であつた。

祠官時代

都城一番隊は、会津開城まで転戦して明治元年（一八六八）十二月四日、一年五ヶ月ぶりに帰郷した。

明治維新後、財部實秋は「敬神は興国の根本」であるとして、都城に鎮座する狭野神社の祠官となつた。都城では廃仏毀釈《はいぶつきしゃく》以降、神社の信仰を証明すべく各戸に「氏子札」を配布したが、その明治五年二月十九日付の氏子札に實秋の名を確認出来る。また、『都城市史』史料編の「精勤に儀につき青銅下賜の件伺」にも、「一青銅三千疋宛　祠官財部實秋」とその名が見える。ただその数ヶ月後には、神柱宮祠官へと転じたやうである。その時期を『宮崎県嘉績誌』等は明治六年八月と記す。

そして『都城前賢傳』は、明治八年三月国幣小社都農神社権宮司に任ぜられ権中講義を兼ねたといふ。同様の『都城古今墨蹟集』、『明治百年都城人物史』はもちろんのこと、財部彪顕彰会が発刊した『いま甦る提督財部彪』も同文記述であつて、何れにも實秋が宮崎神社に奉職してゐた事実が抜け落ちてゐる。

『神武天皇論　宮崎神宮史』では、明治八年九月に宮崎神社禰宜、そして同九年六月から同十一年三月まで権宮司として奉職したと記されてゐる。また、一ヶ月の差異はあるものの『宮崎県嘉績誌』にも、「明治八年八月官幣中社宮崎神社権宮司に補される」とある。要するに、都城を視座とした書籍には、實秋の奉職記事が紹介されてゐないのだ。

ところで、当時の宮崎神社宮司は熊本出身の伊牟田泉であるが、伊牟田と實秋の関係にも注視すべきである。實秋は伊牟田の宮司就任と同時に都農神社の権宮司に任じられ、さらに伊牟田が宮崎神社宮司に転ずると同神社禰宜として一緒に転任し、後に権宮司に就任してゐる。そして西南の役の前後に二人は神社を去るのである。伊牟田宮司は敬神尊皇を説く国学者でもあつたことから、二人は幕末期に交流を持つたのであらうか。

西南の役に「関与」

都城を視座とした書籍に、財部實秋の宮崎神社奉職記述が欠落してゐる理由は、西南の役にあるのではないか。

西南の役は、西郷隆盛を盟主として起こつた最後の内戦である。九州各県から尊皇攘夷派や民権派の志士達が薩軍に与《くみ》したが、宮崎神社にも加担した祀官が複数ゐたのである。「宮崎神社日誌」明治十年四月三十日付を見ると、「財部権宮司、禰宜安藤、加藤、権禰宜堀添良之介都合四名ノ辞表」とある。さらに五月三日付記事には、「財部権宮司ヨリ四月廿九日発ノ一封書到着ノ事」とあつて、實秋は既に都城に帰郷してゐたやうである。

尤も實秋が、薩軍と共に戦つたかどうかは詳《つまび》らかでないが、『西南戦争（都城編）』にその名が出てゐる。驚くべきことに、「財部実秋は『強制的に推されて軍兵出入の事務を取り扱って居たのみで戦闘に参加した事はない』との弁解が採用されて無罪となった」、「けれども都城陥落当時、都城守備隊の隊長たりしは事実」とある。

都城は島津私領であり、實秋が西郷率ゐる薩摩軍に憐憫《れんびん》の情を抱いたのは当然であつて、宮崎神社に残ることで派生する問題を回避するためにも、都城に戻らねばならなかつたのである。ただ、戊辰の役での働きを知る地元民がほつておくはずはない。戦ひには参加しなかつたであらうが、都城隊の戦死者が膨らんでゆくなか、結果的に「都城守備隊隊長」に祭り上げられたのである。

實秋は、葛藤のうちに「関与」したが、結果的に「無罪」となつたといふ負ひ目を引き摺りながら、都城で生きねばならない苦悩を抱へた。これが、宮崎神社奉職時代を履歴から除く一因となつたのではないか。

参考までに、宮崎神社の他の三人についても触れておかう。

「禰宜安藤」とは、国学者安藤通故《あんどうみちふる》である。明治五年に教部省に入り神道教化に従事した。八月十四日に延岡三須村に官軍が攻め入つた際に自首してゐる。加藤精一禰宜は、七月二日に日之影町七折村にて負傷し九月二十四日に死去してゐる。また、堀添良之介権禰宜も従軍したが後に自首して「免罪」となつた。

地域発展に努める

その後の財部實秋は、都城の安永、野々美谷、安久の各戸長となり、山林や田畑を耕作し新たな事業を興した。また、都城農民の騒擾《そうじょう》の際には群民を説き伏せ、沈毅勇胆《ちんきゆうたん》ぶりを発揮したといふ。

さらには明治三十三年十二月、實秋七十五歳の時に、大日本武徳会において演武し賞状を受けた。関連して「宮崎新報」に、一月七日に尚武館の稽古始めの演武があつたとして、「財部實秋氏監督の下に在りて只管柔道を励み」とある。「尚武館」とは子息財部彪が開場した武道場であるが、中央にあつた財部彪が監督する余裕などあるはずもなく、実質は實秋も指導したのであらう。

加へて「都城の歌会」(「宮崎新報」明治三十六年五月二日付)によると、「同地は従来財部實秋氏等の唱導より和歌会ありしが、今度さらに青年文士発企して新派和歌の発展に貢献する所あらんとす」とある。八田知紀亡き明治六年以降は、實秋が歌会を四十年に亘り指導したのである。文武両道を兼ね備へた地域の盟主として都城の発展に努めてゐる。

ところが明治三十八年春先より体調を崩した。

翌年五月一日には、前海相山本権兵衛が見舞ひに訪れてゐるのは娘婿の父たる所以である。山本大将来都の報は、都城民を喜ばせ、「満腔《まんこう》の熱誠を以て歓迎の準備」を郡会で決したが、山本は見舞ひが目的であると固辞したため、「失望落胆」させた。財部彪は、都城では同郷の上原勇作と比較されて誤解を受けてゐたが、山本の歓迎謝絶は、二人の評価に影響は与へなかつたであらうか。ともあれ、山本の来都から、「喜色満面昨今は大に快くなり、談話等も平生に異ならず」といふほどに、一度は快方に向かつたのである。

そして、明治四十年十月三十日から十一月四日にかけての嘉仁《よしひと》親王殿下（後の大正天皇）の宮崎県行啓《ぎょうけい》に際しては、「御行啓をかしこみ奉りて」として、

めつらしき初日のひかりた丶させは
　谷の下くさ春めきにけり

と、慶祝の歌を詠んでゐる。

天寿を全うす

明治四十五年七月三十日に明治天皇が崩御《ほうぎょ》遊ばされた。

時代は「大正」と御代替はりして、もはや明治の元勲達も大半は幽明境《ゆうめいさかい》を異《こと》にして、「明治の精神」も遠のきつつあつた。少壮の頃に八田知紀に師事し、歌道を極め、さらには武道を北郷資常に学び戊辰の役に従軍して武勲を挙げた。そして祠官となつて都城の狭野神社や神柱宮に奉職、伊牟田泉に導かれ都農神社、宮崎神社において敬神崇祖を説いた。

宮崎神社奉職の時代は三年足らずで、また西南の役の勃発といふ岐路にも立たされたが、宮崎神社の発展に無関心であつたわけではない。伊牟田泉宮司、財部實秋権宮司、安藤通故禰宜連名で、教部大輔宍戸璣《たまき》宛てに「宮崎神社御社號御改稱之上申」を進達、結果、明治十一年五月に「宮崎宮」とご改称になつたのは実績の一つである。また、財部彪は何度も宮崎神宮に正式参拝してゐるが、これは父實秋の奉仕経験を知る息子の、神武さまへの信仰の顕れである。紀元二千六百年奉祝事業（昭和十五年）の一環として建造された、古代船「おきよ丸」の命名も財部大将であつた。これも敬神崇祖の成果であつて、その信仰の延長線上に、冒頭の「戦艦日向」の艦内神社に宮崎神宮が奉斎された一因もあらう。

このやうな事績を遺した財部實秋であつたが、御代替《みよが》はりから半年後の大正二年一月十二日、神去りました明治天皇の御後を慕ふかのやうに病没した。

享年八十八歳の大往生であつた。

「密偵」か教育者か――謎多き野村綱の生涯

神武天皇御降誕大祭会

今日ある宮崎神宮（当時は「宮崎宮」）の神域とご社殿は、明治三十年十月に発足された「神武天皇御降誕大祭会《じんむてんのうごこうたんたいさいかい》」によつて形成されたといつても過言ではない。

官幣大社宮崎宮ご祭神・神日本磐余彦天皇《かむやまといわれひこのすめらみこと》（初代神武天皇）がご誕生になつて二千六百二十年に相当するとし、明治三十二年度より国費一万五千円が七年間に亘り拠出され、そして明治天皇よりご内帑金一万五千円も賜つた。ご社殿造営等の全国募財を展開したのである。総裁には二條基弘公爵、また会長には島津忠亮伯爵が、そして幹事長には脚気の治療で知られる高木兼寛男爵が就任した。殊に高木男爵がその奉賛活動に深く関与したことは、『高木兼寛伝』が記すところである。

現在の宮崎神宮のご社殿は、全てこの神武天皇御降誕大祭会によつて新築されたもので、

宮崎神宮（明治40年頃）

この際の全国募財と県民挙げての奉祝事業が、その後の発展にも大きく関はつてゐる。

ところで、宮崎宮境内拡張や造園工事などが行はれるなか、現場レベルで活躍した人に野村綱《つな》なる人物がゐる。

この名前を挙げても一般には知られてゐないと思ふが、宮崎の郷土史家として著名な日高重孝をして、今日の宮崎神宮の基本は、「翁が成したもの」といはしめた人である。具体的には、自らその監督指揮の任を引受けたやうだが、勤労奉仕の県民たちの士気を高めるために、秘蔵の陣羽織を引出して洋服の上に纏《まと》ひ采配を揮《ふる》つたといふ。

ただ、実に謎めいた人で、綱の出身地である鹿児島県と最期を迎へた地の宮崎県とでは、その評価が二分する。その理由は何故か、といふ点を検証するのが本小論の目的である。

以下、綱の二面性は追々述べるとして、この人物が如何なる者か述べねばならない。

野村綱とは

先づは、『宮崎碑文志』や松尾宇一の『日向郷土事典』等を基に、この人物の事蹟を追っていかう。

野村綱（旧名・与八左衛門）は、弘化二年（一八四五）に薩摩藩士野村好酔の嫡子《ちゃくし》として鹿児島の天神馬場に生まれた生粋の薩摩藩士である。幼少より造士館にて和漢の学を修め、後に兵学を学んだ。父好酔は「合伝流兵学渋川家柔術及萩野流砲術」に長け、殊に砲術は薩摩藩の師範であつた。その父から直接に学問技術を伝習されたといふから、綱の砲術の腕前は確かなものがあつたらう。長州征伐や戊辰の役にも従軍した幕末の志士であつた。

野村綱
弘化２年（1845）～明治39年（1906）

尚、後年文部省に勤務した際には、七代目渋川英実の養子玉吉を守り立て、「渋川家柔術」の道場を復興させた。後の首相平沼騏一郎や、宮崎所縁の秋月左都夫《さつお》（オーストリア大使）、その実弟で第三代住友総理事を務めた鈴木馬左也《まさや》らを門人にしたといふ。

明治四年に陸軍中尉の任命を受けたのは、満二十六歳であつた。同年齢の別府晋介《しんすけ》（西南の役で戦死）は陸軍少佐で、四歳下の長州閥の乃木希典《まれすけ》も少佐であつたので、陸軍の中での出世は見込みがないと感じたのだらうか。また、西洋文明の流入により一般武術は大いに衰微し、兵制改革にも異論があつたといふことなので、新時代に旧来の砲術は必要とされてゐないと感じたのかも知れない。ほどなく鹿児島に帰り郷校《きょうこう》を設立してゐる。

ところが、明治六年には宮崎県第二区区長に、次いで宮崎県中属に就任、仮小学講習所や同七年に宮崎学校が開設されると、初代校長を兼務した。当時の宮崎は未だ学校制度が整備されてゐなかつたので、その教育基盤の確立に尽力したのである。「十月に学務係に野村綱が着任してさかんに奨励督促した結果、明治七年末には三五〇余校の小学校の設置をみた」（『宮崎県史』）といふ。ちなみに綱の愛した宮崎学校は、明治十年二月に勃発した我国最後の内戦、「西南の役」の際に西郷軍の弾薬製造所となる数奇な巡り合はせとなるが、当時の綱は知る由もない。

そして県の学務課長兼庶務課長にも就任したが、明治九年八月二十一日に宮崎県が鹿児島県に吸収合併（同十六年まで）されると、宮崎学校も廃校の憂き目にあつたことから、鈴木馬左也など優秀な生徒九人を連れて上京したのである。後に馬左也は金沢の県立啓明学校普通科に入学するが、これは綱の斡旋で実弟野村彦四郎が校長をしてゐたことに拠る。

つまり、宮崎県の置県と共に来宮して教育行政に携はり、そして鹿児島県に吸収されると宮崎を去つたのである。その意味する点が筆者には気になるが、そもそも何故に宮崎に来ることになつたのか、その辺りのことは定かではないのである。

ただ理由を述べたものがないわけではない。それは窪田志一（鹿児島出身の歴史家・政治運動家）なる人の遺稿集、『岩屋天狗と千年王国』といふ謎めいた本に出て来る。『異端記』といふ家伝書を基に纏めたもので、その内容は薩摩の西郷隆盛や大久保利通、長州の木戸孝允や大村益次郎と並び称される明治維新政府の重鎮、広沢真臣参議を暗殺したのは野村綱であるといふ衝撃的なものである。その命を下したのは大久保で、暫く身を隠すために宮崎に逃亡したといふのである。

しかしながら『日本史暗殺百選』は、佐々木高行の日記を基に、「木戸孝允一派の手の者による暗殺ではないだろうか」とも述べてゐる。結局、数多くの謎と疑念を残してこの事件は未解決となつたのである。

西南の役と野村綱

窪田志一の記述は俄かに信じ難いものがあるが、それは措くとしても何故に、野村綱を暗殺者として記述したのだらうか。

それは、綱が西南の役の開戦に深く関与してゐたことに関係がありさうである。

西郷隆盛　文政10年（1827）～明治10年（1877）　（写真提供：国立国会図書館）

征韓論の分裂（明治六年政変）で、政府の重鎮の一人大久保利通内務卿と袂を分かつた西郷隆盛陸軍大将は、鹿児島に帰郷し私学校を設立して後進の育成にあたつた。その西郷を慕つたのは桐野利秋や篠原国幹など錚々たる志士達で、その動きは当然にして新政府に不審の目を醸成させたのである。

そこへ導火線を引いたのが、同じ薩摩藩出身の大警視川路利良《かわじとしよし》であつた。大久保の信任厚く、中原尚雄《なおお》、園田長照（＝寺井長輝）など総勢二十名の警視庁警部等を墓参りと称して随時帰郷させたのである。大人数の警官の帰省が私学校生に不信感を抱かせたのは当然のことで、あに図らんや捕縛され、その目的は西郷暗殺であつたとして、一人の黙秘者もなく「口供書」に署名捺印までした。

一方、それとは別に大久保の密命を帯びて帰郷したのが件の野村綱であつた。ところが既に中原らが捕縛されたことを知ると、如何にも潔く自ら県庁に自首して逮捕されてしまつたのだ。そして結果的に、この時に録られた口供書が西南の役勃発の一因となつたのである。ちなみに、大久保の密旨とは、「彼の地に赴き萬一変あるに際せば直ちに之を飛報すべし」(『薩南血涙史』)といふものであつて、この際に大久保より支度金百円紙幣を受け取つてゐる。

以下、その野村綱の口供書を全文紹介すると、

野村綱口供書

明治十年二月十三日

鹿児島県第一大区二小区十番地居住士族野村好酔嫡子　野村　綱

自分儀、旧宮崎県廃合ノ末宮崎学校処分ノ事モ有之、旧学校弟子九名方向取定メノ為メ明治九年十二月五日方同伴当地出発、同廿八日着京、其時分紛々鹿児島動揺ノ風聞有

之、国家ノ為メ不都合ノ儀ト思込ミ、同廿一日大久保卿へ、鹿児島表ノ説路頭ニ紛々ト有之、自ラ上等社会ニ於テハ確実御熟知ノ御事トハ乍存、路頭ノ説ノ様有之候テハ甚タ不都合ノ始末故、私儀モ委シクハ不存候得共御聞被成度候ハヾ、可致出頭トノ趣郵便ヲ以申遣候処、十年一月三日参リ呉候様申来リ罷越候処、前書ノ始末如何ト被相尋候ニ付成程一時ハ壮士輩競ヒ立候得共、十一月下旬方ヨリ静定ノ向ニテ自分出立ノ砌ハ隠ニ候、若シ路頭ノ説ニテ政府処分ヲ誤ル事有之候而者実ニ為国家不容易次第ニ有之候旨申演候処、此末ハ如何ニ成リ立ツヘキヤ如何カ処分然ルヘキヤト被申候ニ付キ、之ハ私共ノ見ニ及間敷相答候処、先ツ鹿児島私学校ハ一体政府ノ為メニ一大腫物ノ如シ、仍テ我輩ノ工夫ニハ盛大ナル学校ヲ設立シ少年輩ヲシテ学校ノ方向ヲ定メシメ、同校人数ヲ離問シ諸郷ニモ同様着手イタシ、漸次腫物ヲ小クスルニ如スト承リ候事

一同二十九日申来候ニ付罷越候処、三十一日ノ飛脚船ヨリ出立候様、尤モ鹿児島ノ人気ハ起リサメ仕易キ国柄故兎角二、三月頃カ懸念ニ被思、且ツ陸軍省ヨリ弾薬等取寄候テ都合モ有之、通例ノ事ナラ郵便又ハ電信ヨリ被申越度、而シテ動揺甚敷時分ハ乍御苦労直ニ駆付ケ呉レ度、其節ハ郵便ハ止リ電信ハ切ルヽニ違ヒハナシ、其上陸軍等ノ用意ハ成程非常ニ備ルト云モノヽ、確タル報ナラデハ人民ノ騒キニモ相成ル事故其節ハ直ニ駆付ケ呉候様、殊ニ警視庁ヨリ探索差出シ有之候、皆必死ノ格護ニテ先キ達テ出立セリ、暴発等ノ節

ハ自ラ大小為ス処アルヘシト懇々被申演候ニ付、其意ハ畢竟主任ノ人ヲ斃スカ又ハ火薬庫ニ火差入ル等ノ事ニテ随分仕果スヘクト汲受ケ、左様ノ事ナラ承知仕候旨相対候処、金百円報知ノ路費トシテ被差出候ニ付受納イタシ、而シテ此度貴公ノ事ハ誰モ知ラヌ事故其段ハ深ク可差含、尤モ先達テ差出候探索人名ハ是ナリ為心得トテ半切紙ニ書キタル人名ヲ出サレタリ、一見スルニ何等警部或ハ何等巡査或ハ書生ノ片書ト郷名有之候、其書面ハ警視庁ヨリ廻リ来リタルモノニテ候事

一同年一月三十一日東京出立、神戸ヨリ迎陽丸ニ乗組ミ帰県候処、中原尚雄等警視庁ヨリ内諭ノ次第発覚イタシ御捕縛相成候段承リ、自分ニ於テモ前書承知イタシ候件々彼等右次第ニ付テハ今更着手ノ道無之、大書記官田畑常秋エ大略申出深重ノ処ハ包蔵イタシ居候処、再ヒ御喚出相成リ第一分署エ差廻サレ猶御取調ノ末前件形行申出候事

右ノ通相違不申上候、以上

明治十年二月十三日

野村　綱　拇印

といふものであつた。

出世した綱と密偵達

大久保利通や川路利良が実際に西郷暗殺の企てを野村綱や中原尚雄らに命じたかどうかは、史家のなかにも異論がある所である。

ただ本論に於いて知るべきは、宮崎と鹿児島のこの捕縛事件の捉へ方の差異にある。

例へば、日高重孝は、口供書の信憑性に疑問を抱いて、「厳しい拷問によって失神の際、行われたものではなかったか」と綱を庇《かば》つてゐる。そして『宮崎市の回顧と展望』には、「連日大久保利通卿の密偵なるかのごとき嫌疑のもとに厳しい拷問を被り、そして生歯二本を失うほどの過酷惨虐な取調べの末、その出来上った野村綱の口供書等が、反乱蜂起の理由にとりあげられたという十年の役の序幕に、図らずも悲劇的人物として登場させられたことは、何としても奇しき運命というべきである」と、鼻から口供書を信用してゐない。

一方、西郷側に憐憫の情を抱く『薩南血涙史』は、「野村敢へて隠蔽せず自ら進んで一切の情由を供出せり」と述べ、『西南記傳』は、「野村の人と為り、浮薄《ふはく》にして志操なく、決して大事を託す器に非ざる」と、陸軍大佐高島鞆之介《とものすけ》の話を紹介してゐる。

もとより筆者にはどちらの説が正しいのか判らない。ただ徳冨蘇峰が、『近世日本国民史』

の中で詳細に論じてゐるので、それを勧めたい。

蘇峰は、中原や綱の証言が、厳しい拷問の上での取調べのもので捏造であるといふ主張に対して、「故らに之を捏造したりと云ふは、是れ畢竟《ひっきょう》当時の政府側の――若しくは政府側を庇護《ひご》せん為めの――妄説にして、決して信ずるに足りぬ」と、明確に政府側の意見を否定してゐる。

また、中原らは捕縛されたが綱は自首したとし、さらに綱に関しては拷問もなく自らその口を開き、拇印も何ら強制されることはなかつたとする。そして、大山綱良鹿児島県令（西南の役後に長崎で刑死）の口供書を引用して、野村の口供書は「何等修正を須《もち》ひなかつた」と喝破したのである。蘇峰の論考は傾聴に値するもので、何よりも島津久光公や大山県令の証言を基に実証的に論じてゐる。

加へて、西郷が綱らを殺さなかつたのは政府の不正を糾す為の生き証人としたかつたからであるといふ説（『明治密偵史』）もあり、そして何よりも、生還した彼らが後に出世してゐる点をどのやうに理解すべきなのか。

綱は、明治十三年に鹿児島県会議員になり、五月には初代議長に就任してゐる（後述）。副議長は、密偵として鹿児島に潜行した一人、柏田盛文《かしわだもりふみ》（後の千葉、茨城、新潟県知事）である。当時は選挙で選ばれるのではなく、内務大臣の任命による官選知事（地方長官）であつた。

そして議員選挙も今日と全く異なつてゐたことはいふまでもない。一定以上の地租を納めることが立候補の最低条件であつた。その選挙資金は果たして何処から出たのか。

一方、川路大警視が密偵として鹿児島に潜行させた中原尚雄（警視庁少警部）は、明治十七年時点において高知県警部長に、そして後には山梨県警部長、福岡県警部長に就任してゐる。また園田長照（中警部）は、奈良、茨城、福岡県知事に、菅井誠美《すがいまさみ》（中警部）は栃木、愛媛県知事、末廣直方《すえひろなおかた》（権中警部）は、岩手、高知県知事といつた具合である。さらに安楽兼道《あんらくかねみち》（少警部）は三度に亘り警視総監となり、高崎親章《たかさきちかあき》（権少警部）にあつては、茨城、長野、宮城、京都府知事を経て、大阪府知事を九年七カ月も務めたのである。

綱も他の密偵達も、西南の役後には優遇されたと見るべきだらう。

議長就任と宮崎の分県運動

さて、野村綱が鹿児島県会議長に明治十三年五月に就任したことは、前節で述べた通りである。

その議長就任の経緯を見ると、綱自身が議長副議長選の手続きの簡略化を提議し、それを副議長に就任することになる柏田盛文が賛成するといふ、今日では考へられない選定となつてゐる。

投票においても二人の発言が反映され、

議長　　野村　綱　　二四票

副議長　柏田盛文　　一三票

といふ結果であつた。『鹿児島県議会史』は懐疑的に、「宮崎那珂郡選出の野村綱が当選した事情は不明」と記録してゐる。

ともあれ、藩閥政治の最も華やかな時代の鹿児島県会初代議長といふ重要ポストを綱は担つたわけである。ただその地位に安閑としてゐる余裕などあるはずもない。時恰も、宮崎県の分県運動（明治十三年秋～同十六年春）が烈しさを増しつつあつた時代で、畢竟、綱もそのうねりの中に巻き込まれてゆくのである。

西南の役で混乱した鹿児島県から分離する為の協力、即ち「分県請願書」の提出を、宮崎県再置県運動の推進者川越進や藤田哲蔵らに託されたのである。薩摩出身の綱が、その経済力の弱体を意味する分県に賛同するといふことは、中立を旨とする議長の職制からして相当のリスクを伴つたはずである。ましてや綱には西南の役での「密偵」としての容疑が重くのしかかつてゐる。それでも宮崎分県の周旋の労を採らうとしたことは、逆に見れば、それだけ鹿児島県における綱の立場を物語つてゐるとも言へよう。

ただこれは変節を伴つた。『宮崎県五十年史』に記された「某の手記」によると、綱は「中途より分県の必要なきを主張し、終に之を県会に提出せず」、川越らを大いに失望させたのであつた。ところが分県請願書が却下になつた直後から改心を見せ、熱心な賛成者に変じたといふのだ。「同志は野村の意中を愈よ解せず大に之れを怪しみたり」と某手記は記す。「分県運動詳記」（「大阪毎日新聞」所収）によつてその辺りの経緯を見ると、綱は「君等（川越、藤田を指す）にしてこの事成らずんば、自分は一人にてもこの事を成るやうに尽力せん」と述べたといふ。ただ、一度抱いた疑惑の目は簡単に解けるものではない。とりわけ藤田哲蔵は、「既往のことをもつて考へれば或は何時変心するやもはかられず」と述べて、注意深く綱の行動を監視するやう同志を諭してゐる。

ただその後、鹿児島県会議長である綱の政治力に期待する堤長発《つつみながあき》の勧めを川越や藤田らも認め、綱は引き続き分県運動に加はつたやうである。内務卿山田顕義《あきよし》に明治十五年一月十二日に面談、「一己人の建議を採用して分県はせざるなり、故に県会より申し出つべし」との発言を引き出し、それを川越らに伝へてゐる。

そして、帰郷後には川越、藤田より提出された宮崎分県の建議案を、議長として取り上げ審議したのであるが、あらうことか最終段階において寝返りがあつたやうで、案は脆《もろ》くも惜敗のやむなきに到つたのである。

結果、明治十五年二月、綱は鹿児島県に宮崎を残しておきたいとする勢力と、新たに宮崎県を設立したいといふ双方の政治圧力の間にあつて、議長職を辞したのである。

文部省勤務と再度の宮崎赴任

明治十六年五月、宮崎県は晴れて鹿児島県より分県となる。前年に鹿児島県会議長を辞した野村綱は、鹿児島はおろか宮崎でも居心地が悪くなつたのか、それとも教育行政に携はることこそが天命と感じたのか、上京して文部省の役人となるのである。

綱が頼つたのは、初代文部大臣森有礼《ありのり》であらう。

同じ薩摩藩出身で年は綱が二歳年長であつた。明治十五年四月に文部省准判任御用掛を皮切りに、同十七年二月には文部権少書記官に昇進してゐる。同十六年から十八年にかけては、日本最初の体育研究の教育機関、「日本伝習所」の業務も兼務した。「野村綱氏略傳」(地元紙「日州」所収)によると、その後さらに綱は出世し、「森文部大臣の知遇を受る深し二十年二十一年の交最其得意の時なり二十一年九月参事官に転ず二十二年十一月大日本帝国憲法発布記念章第六百六号を拝受」したのであつた。綱が森大臣の知遇を深く受けたことは明白で、参事官にまで上り詰めたのである。

ところが思ひも寄らない転機が訪れた。最も頼りにしてゐた森大臣が、「伊勢神宮不敬事件」によつて、長州出身の西野文太郎に暗殺されてしまつたのだ。

地元の伊勢新聞記者が、豊受大神宮《とようけだいじんぐう》（外宮）に参拝した森大臣の参拝の様子を、「大臣は何思ひけんツカツカと進み入り右手に携へしステッキを以て御御簾《みす》の御帳《とばり》を高く掲げたる……此の内には皇族以外の入門を禁ずる旨を申通したるに、大臣は僅に頷き左手の帽を脱し此所にはじめて参拝を遂げ云々」と報じたのである。

この記事が人口に膾炙《かいしゃ》され、御簾をステッキでどけて中を覗き込んだとか、土足禁止の拝殿を靴のままで上つたなどと拡がり、欧化主義者と目されてゐた森に災難が及んだといふわけだ。明治二十二年二月十一日「紀元節」の佳節の日で、さらには大日本帝国憲法発布式典当日でもあつた。

西南の役の開戦に関与し、綱に密偵を命じた大久保利通を暗殺で失ひ（明治十一年五月十四日）、またしても森有礼といふ文部省での後ろ盾も無くした。それらに関する何らかの記録でも遺してゐないものか探したが、現状では発見出来てゐない。歴史的に語るべき真実を知る身ではあつたが、結局綱は黙して何も語らなかつたのは、やはり「密偵」だつた習性であらうか。ただ、残された写真や宮崎の事績からだけでは、そのやうな過去の面影は感じられないのである。

その後、綱は同二十四年に文部省を非職（地位はそのままで職務はない）となり、宮崎市江平に閉居《へいきょ》した。時をり通る学生達を二階から眺めては、「よう、元気な稚児どむが、大勢通るわい」と独語してゐたとは、綱の晩年を知る日高重孝の言である。そこには子供達を見守る温かい眼差しがある。

そして同二十七年三月に非職満期となると、第三回衆議院議員臨時選挙に立候補してゐる。南那珂郡飫肥《おび》町（現日南市）を票田としてゐた分県運動の大功労者である川越進が、この選挙にあつては人心が離れつつあるとして立候補を辞退したために、綱が川越に替はつて担がれたといふわけである。しかしながら次点にて落選してゐる。「宮崎新報」に、綱が分県運動に冷淡であつたことなどを攻撃されたことが、最後まで響いたのである。

同年九月の第四回衆議院議員臨時選挙においても、前回敗北を喫した第一区では再び綱を推す空気はあつた。ところが綱が、宮崎中学（現宮崎県立宮崎大宮高校）の第六代校長に就任したことから川越が候補者となり、ここに分県運動の過去の蟠《わだかま》りは消えたといふ。「日向政党沿革調　明治廿七年」（町立高鍋図書館所蔵）は、「川越の機関たる日向新報口を極めて良校長を得たるを喜べり川越野村茲に於て相交和す」と伝へてゐる。

事実、綱は「良校長」ぶりを発揮したやうである。当時の宮中は荒れてをり、学園騒動の真っ直中にあつた。結果的に綱の手腕によつてこの騒動は沈静化した。「辞職勧告運動で荒

森有礼
（写真提供：国立国会図書館）

大久保利通
（写真提供：国立国会図書館）

れた学園の再建にうつてつけの人材であつた」とは、『大宮高校百年史』の記す所である。

二分する評価

以上、野村綱の人生の歩みを見た。西南の役での「密偵」、分県運動の際の「変節」、そして宮崎での「教育者」としての顔など、謎多き人物像が浮かび上がつて来た。そして、これらの考察から見えてきたものは、鹿児島県と宮崎県での綱に対する評価の相違である。

とりわけ鹿児島県での評判が頗《すこぶ》る悪いのは、大久保利通の片棒を担いだことが大きく物を言つてゐる。明治維新の英雄である西郷隆盛に比して、大久保の評価は、「陰湿な権謀術数家」の印象が付きまとふ。その密偵であつたといふ事が、鹿児島での綱の事績を限定的なものとし、評価を低くしてゐるのである。

また、性格的なものも大久保同様に問はれたのかも知れない。

かつて宮崎県庁で同僚として勤めてゐた徳永昌龍《まさたつ》（徳富蘇峰の叔父）の話によると、綱は「快活の好漢」で、「風采も秀爽、文藻あり、辯論に長じ」（前掲『近世日本国民史』）てゐたといふ。また『薩摩血涙史』の著者も、「風貌清楚文藻に富み弁論に長ず」と同趣旨のことを記録してゐる。この弁舌が、上つ面だけの俊才に見え、浮薄にして志操《しそう》がない人物に映つたのであらう。事実、西南の役での綱の投降や自白が、その性格の一面を示してゐる。

これに反して宮崎県での評価は、高いと言はねばならない。

殊に、宮崎県教育界における奮闘振りは、鹿児島での「贖罪」を払拭する聖職者にさへ見えて来るのは、筆者の思ひ過ごしであらうか。

未だ修学旅行のない時代に生徒を名所旧跡に連れて行き、学習して見聞を広めさせたり、新設された学校への度重なる寄附行為も行つてゐる。つまり倉岡小学校建築費として百円、宮崎学校に百円、高岡小学校に二十円など、確かな功績を数多く残してゐるのだ。

そして宮崎宮の「神武天皇御降誕大祭会」では評議員を務め、

神業ハ神業ナガラ人業ニ
　尽サデヤハアル神ノ御業ニ

の歌も残してゐる（『大祭会誌材料』四十号）。既述した通り、境内拡張や神苑整備の奉仕作業の音頭取りを自ら進んで買つて出たのも綱であつた。

また、明治三十二年四月五日に斎行された「神武天皇御降誕大祭」には、小松宮依仁《よりひと》親王のご台臨を仰いだが、その送迎役も担つてゐる。中央での豊富な人脈が期待されたのであらう。

この「神武さま」と県民に呼び親しまれてゐる宮崎宮への奉仕も、教育行政の基盤を固めた功績と共に、宮崎での信頼を勝ち得た一因ではなかつたのか、と思ふところである。分県運動の際に怪しまれた変節を疑ふ目は、もうそこにはない。神さまに奉仕することによつて、心の安寧を求める一方で、宮崎県に骨を埋める覚悟を固めたのであらう。

明治三十九年五月十七日、六十二歳にて綱は逝つた。心血を注いだ宮崎宮の竣工（明治四十年十月）を見ることが出来なかつたのは心残りであつたらう。その亡骸は宮崎宮近くの「江平町墓地」に埋葬されたが、現在は宮崎市丸山の「丸山墓地」にあり、父の好酔と共に静かに眠つてゐる。

野村綱之墓（宮崎市丸山墓地）

その訃報を伝へ特輯まで組んだ「日州」は、綱を偲んで、「宮崎県普通教育の開祖と称するも決して溢美《いつび》にあらざるなり」と結んでゐる。

綱は宮崎県では確かに信頼を勝ち得たのである。

敬神の一石——五十年日参した俳人・杉田直

杉田直（作郎）の事績

杉田直
明治２年（1869）～ 昭和35年（1960）

杉田直《なお》（作郎）は、野田成諄《せいじゅん》（「丹彦《にひこ》」）の三男として明治二年に生まれた。

佐土原藩士であつた父の野田丹彦は、大阪の「百園塾」の塾頭も務めた国学者といふ。後に黒住教に入信、その墓石には「大教正」とある。なほ百園塾とは、著名な国学者であり、神宮皇學館創設の中核を担つた敷田年治が開いた私塾である。丹彦が黒住教に入信したといふ点や、また敷田年治と丹彦との関係については洵に興味深いものを感じるが、これらの点については本稿でも後にふれるが、その詳細については別稿（宮崎神宮社報『養正』平成二十八年一月一日付・第一四六号、同年七月一日付・第一四七号＝本書未収録）に譲りたいと思ふ。

ところで、丹彦と直の出自である野田家は、佐土原島津家に仕へ、代々修験者として藩の安泰を祈願する役目を担つた。中でも有名なのが野田成亮《しげすけ》で、大先達として活躍して野田泉《せん》光院《こういん》を名乗つた。泉光院に『日本九峰修行日記』があるが、散逸してゐたこの日記を、歿後百年供養のために纏めて本にし、世に知らしめた人こそ、五代目の子孫にあたる直であつたのだ。

杉田直は、十五歳の時に西都市妻の杉田ナカに養子に出されてゐる。杉田家は代々都萬神社の社家を務めた家柄で、その職制は「政所《まんどころ》」であつた。そして直は俳人としても活躍し、俳号は「善哉」のちに「作郎」と称した。正岡子規に師事し、「ホトトギス」に投句、尾崎紅葉、内藤鳴雪、夏目漱石、高浜虚子等とも交流したといふ。

夏目漱石は文豪として著名であるが作句もし、親友である子規の写生を作句の根本とする「日本派」の普及にも力を注いだ。直は子規を通じて漱石と親交を結んだやうであるが、「明治四十五年ごろかに彼と会ったが、だいぶ身体を弱くしていた。作家の渋川玄耳《げんじ》も一緒だったと思う」（「毎日新聞」昭和二十八年六月四日付）とインタビューに答へてゐる。また子規が亡

くなつた明治三十五年には、

主なき庭の芙蓉の雨悲し

と詠み追悼してゐる。他にも、種田山頭火や河東《かわひがし》碧梧桐《へきごとう》、巌谷《いわや》小波《さざなみ》や柳田国男等との交流もあつて、名実共に宮崎を代表する文化人であつた。

その一方、明治三十一年に宮崎初の眼科医院を開設、三十七歳で宮崎県医師会長に就任、県医師会館の建設や『宮崎県医師会五十年史』の編纂など、県医学界の発展に貢献したことは改めていふまでもない。

このやうに俳人、眼科医として名を成した直ではあつたが、それとは別に敬神家といふことでも夙《つと》に有名であつた。

宮崎神宮との縁

杉田直が帰郷し開院したのは明治三十一年二月のことであつた。そして宮崎神宮との関係が生まれたのは、翌三十二年のことであらうか。「私が東京から日向へ帰り居を宮崎にトし同人を集めて句会を始めたのは、明治三十二年四月二日宮崎神宮神苑で初音会《はつねかい》と号したのが始めてであつた」と記してゐる。

また直は「初音会」の発足について、「神武天皇御降誕大祭を機とし、……宮崎神宮神苑に於て発会式を挙げ候」とも書き残してゐる。この記事にある「神武天皇御降誕大祭」とは、明治三十二年四月五日を中心に斎行された大祭のことで、以後、全国奉賛会組織「神武天皇御降誕大祭会」(同三十年十月に発起)によつて、宮崎神宮ご造営の全国募財が同四十年まで展開される。つまり直と宮崎神宮の接点は、宮崎県での最初の句会、「初音会」の設立から生れたものであつて、さらに「神武天皇御降誕大祭」が関係してゐるのだ。

この奉賛会を組織し、自らも幹事長に就任して指揮を執つたのは「麦飯男爵」として著名な高木兼寛であつた。高岡出身で海軍軍医総監も務めた兼寛の奉賛会に直も協力したやうで、後述する句碑建立の許可が下りた一因には、この際の奉賛活動の功績もあつたやうだ。

高木兼寛
嘉永2年(1849)〜大正9年(1920)

若い頃の直は、眼科医になる過程で、元高鍋藩主秋月種樹《たねたつ》や高木兼寛に激励を受け勉強をしたといふ。当時宮崎県から医者を目指して上京してゐた人が如何ほどゐたのかは知らないが、上京時に既に我が国初の医学博士の学位を授与されてゐた兼寛に対して、直が教へを請うたのは当然のことであつたらう。また直は同二十五年に脚気に罹つてゐるが、当時脚気予防策として食事改善を訴へてゐた兼寛であつたので、作郎は兼寛から治療のアドバイスを受けたかも知れない。二人の交友の記録は殆ど残されてゐないが、その関係はもう少し言及されて良い。

一方、宮崎神宮社報「みあかし」（昭和十七年十月一日付）は、直の神宮日参について、日清戦争で、皇軍の上に垂れ給ふ天佑神助に対して深き感銘を覚えたことを一つの契機としてゐる。

直が、天皇国日本に限りない信頼を寄せてゐたことは、子息杉田正臣の長編詩「父」の記述からも察しがつく。例へば、楠木正成正行《まさしげまさつら》父子の「桜井駅」の話と自らの遺言を、長男正臣が十一歳の時に話し聞かせたといふ。これは国学者である実父の影響を受けたもので、楠木正成が十一歳の正行に「遺訓」を話したことに倣つたものであらう。また、最も尊敬する明治天皇の御製《ぎょせい》を愛用の白扇に謹書したといひ、全国の神社や御陵を参拝する「国粋を愛する」人でもあつたのだ。

息子が見た父の日参

このやうに敬神の念に篤く愛国者でもあつた杉田直の宮崎神宮への信仰心は、相当なものであつたらうが、日参するやうになつたのはもう少し後のことであるやうだ。

この点について黒木晩石は、「大正四年、四十六歳の時、妻、雪に急逝され、七人の遺児を抱えて途方にくれたが、ここにおいて、生活革命を断行した。それまでの朝寝夜更かしの生活は急転して早起早寝の規則正しい生活に一変したのである」と記してゐる。つまり妻への鎮魂と、遺された七人の子供のため自らの生活を反省し「生活革命」した結果、宮崎神宮への日参も始められたといふことである。以後亡くなる昭和三十五年頃まで参拝は続けられた。

長男正臣も眼科医であり自由律詩の俳人であるが、直の宮崎神宮参拝を前掲「父」に次のやうに描写してゐる。

父は一年の計は元旦にありとし
　元旦は神宮参拝に始まった

父の元旦に始まる暁天日参は
　五十年間続いた
父は壮年時代は始業の朝終業の夕
　一日二回神宮に参拝した
父は喜びにつけ悲しみにつけ
　神宮に参拝して祈りを捧げた
父の心身の強健はこの捨身献身の
　神宮日参によって養われた
父の日参した暁天の参道で私は
　父の遙かなる足音を聞く心地がする

正臣によると、直は宮崎神宮参拝を五十年間毎日続けたといふ。元旦はもちろんのこと、

朝夕一日二度お参りしてゐた時代もあつたといふから頭が下がる。確かに、

円かな月の光にて熟する木の実

といふ作品があるが、これは夜に神宮参拝したときに詠んだ句といふ。

自宅より宮崎神宮までは往復五キロほどあり、徒歩では片道約四十分はかかつた。バスや馬車も使用せず杖を片手に悠揚《ゆうよう》として歩いていつた。その参拝時刻は早朝六時頃で、「杉田先生が通りなさる、今は何時だ」と県民がいふほどに毎日正確なものであつたといふ。

直はいつも天地神明に誓つて言動し、神さまが在すが如く祖先の祀りを怠らなかつた。そして瑞穂の国に生きてゐることを喜んで、人生の幸福は家庭の団らんにあると喝破したのであつた。将《まさ》に神社界が一貫して主張し続けてゐる「敬神崇祖」を実践励行した一生であつた。

辞世の句は、「米たべて生きて八十八の春」といふものであつた。

句碑の建立

杉田直の功績を称へるべく、十六年目（満十五年）の命日に併せて句碑の建立計画が浮上

杉田直の石碑「柿の赤さはつ＞みきれない」
（宮崎神宮東神苑）

した。県内外の弟子や俳句同好者からの寄附を募っての計画で、その設置場所として宮崎神宮境内地が候補に挙がつたのはむしろ当然の成り行きであつた。そして昭和五十年十二月七日、宮崎神宮末社五所稲荷神社前の神苑に句碑は見事に建造されたのだ。

その石碑には、

柿の赤さはつ、みきれない

とある。

この句は、自筆ノート「作郎句稿」によると大正十四年の作で、翌十五年一月号の自由律俳句誌『層雲』に発表された作品である。七句の内の一句で、作郎の層雲誌への初めての投句でもあつた。なほ、「つ、み」だが初出では「包み」である。

山口保明の「杉田作郎と宮崎俳壇」によると、直の創作は三万句を超すといふが、その中からこの句が選ばれた。「つ、みきれない」といふ言葉に、敬神家杉田直の宮崎神宮への赤心の想ひが投影されてゐるやうにも思ふ。

そして、同句碑裏面には、正岡子規門下の同友荻原井泉水《おぎわらせいせんすい》の筆による直の略歴がある。その末尾には、本論で縷々《るる》述べて来たやうに、

敬神崇祖の念厚く

宮崎神宮に日参すること五十年に及ぶ

昭和三十五年十二月七日歿　享年九十一

とある。

当日の「句碑除幕式」であるが、内田醇県医師部会長、久保草洋県俳句協会代表、宮永真弓宮崎日日新聞社会長等の来賓はじめ、遺族や関係者約百人が参列したといふから盛大であつた（「宮崎日日新聞」昭和五十年十二月八日付）。宮崎神宮神職による奉仕の後に、直のひ孫にあたる杉田正（九）、真（七）両君が除幕した。句碑は縦一・四メートル、横一・六メートル

の米良山産の自然石である。石碑文字は、直が色紙に染筆したものを拡大したといふ。
これらの参列者の中に前述の黒木晩石もゐた。晩石は四行詩「神苑に作郎句碑」に以下の如く録してゐる。

温容蘇る
昭和乙卯　師走七日
作郎句碑　神苑に建つ
没後まさに十有六年
温容蘇る　命日の儀

井翁の碑陰
「柿の赤さはつつみきれない」
一句の余韻　作翁の品
井翁の碑陰　情意充ちて
俳友の交誼　筆端にこもる

一念一石
作翁の天寿　九十一歳
早暁五十年　神宮に参す
句碑この苑に建つ　偶然ならんや
崇祖の一念　一石に凝る

「崇祖の一念　一石に凝る」とは、讀賣新聞論説委員まで務めた晩石の作郎句碑建立を祝ふ最高の祝辞と言へよう。晩石は、直はもとより子息正臣とも晩年親交を結ぶなど杉田家とは所縁深い。句碑建設も晩石の発起による。ちなみに正臣の弟秀夫は、前衛画家として著名な瑛九であるが、晩石は、瑛九の芸術家としての真価の背景に兄の「深奥なる愛情」があると綴つてゐる。

父丹彦（成諄）と宮崎神宮

杉田直の宮崎神宮への敬神について見てきたが、結局のところ直には、黒住教で重きを成したといふ父や、また都萬《つま》神社社家の杉田家の養子になりながら、土地を離れ医者となつたことへの自責の念もあつたのではあるまいか。

毎日神前に額づくことによつて、神明のご加護に報いるべく強く心に期するところがあつたのであらう。強い意志と信仰心がなければ、五十年間の日参はできない。

もとより、「後世に残す一句とてなし」と、生前に句集すら刊行しなかつた謙虚な人柄であつたので、宮崎神宮への日参のことも、敬神家と呼ばれる意識すらもなかつたであらう。ただ、日参する年老いた姿は、無言ながら周囲の人達に「敬神崇祖」の大事を感得させたに違ひない。

ただここまで書いたところで一つの新事実を知つた。

それは明治新政府下の宮崎神社（当時の呼称）初代宮司伊牟田泉《いむたいずみ》の事績を調べてゐる過程での知見で、先代黒岩龍彦宮司の「宮崎神宮と西南の役」記事中にあつた。明治十年日誌の新春元旦記事に、伊牟田宮司他職員一同名で天皇陛下に賀表を奉つてゐる記録があるが、それは、伊牟田泉宮司、財部実秋権宮司、安藤通故、加藤精一両禰宜、杉田千蔭、堀添良之助、伊牟田繁各権禰宜、大野操、宮川宗保、伊東内蔵兵衛、野田丹彦各主典の連名で出されてゐる。

財部実秋権宮司とは、海軍大臣を五度務めた財部彪海軍大将の父である。杉田千蔭権禰宜は杉田秀清現宮司の高祖父である。また主典の大野操は後に五代目宮司となり、宮川宗保とは、神社本庁初代事務総長となる宮川宗徳の父である。

そして注目すべきは最後の野田丹彦主典その人である。

この人物こそ作郎の父野田成諄こと野田丹彦である。つまり作郎の父丹彦は明治初期に宮

野田丹彦
文政８年（1825）～明治41年（1908）

野田丹彦短歌（掛軸）
（宮崎県立図書館所蔵）

崎神社に奉職してをり、父の奉仕経験が作郎の日参の背景にはあつたのではないか、といふ推測である。さらに言へば、その前に丹彦は都萬神社に奉仕し、「大教宣布運動」(神道や仏教を中心とした政府主導の国民教化運動)にも深く関与してゐたのである。

なほ詳細は解らないが、丹彦の長男、直の兄河野通信が神職との記録が『佐土原町史』にある。河野は、明治三十二年四月五日に斎行された「神武天皇御降誕大祭」に助勤として奉仕してゐる。野田家が代々修験者であつたことは冒頭述べた通りである。つまり「敬神」は野田家の血脈であつたのだ。そして、丹彦は佐土原と所縁の出来た黒住教に入信、教学部門の重鎮となる。

その父から、作郎に贈られた和歌が遺つてゐる。

児をおもふ親の心を心とし
　みがけや磨け大和魂

父の教へ通り、「大和魂」を磨きに磨いた九十一年の生涯であつた。

第三章　「祖国日向」の精神

アジア全土の炬とならん——満州に散った山田悌一を偲ぶ

はじめに

山田悌一
明治25年（1892）～昭和９年（1934）

国士舘（国士舘大学前身）が、当時の満州国牡丹江《ぼたんこう》省《しょう》寧安県《あんねいけん》鏡泊湖畔（現・中国黒竜江省寧安市）に満州鏡泊《きょうはく》学園を開学したのは、昭和八年のことであった。正確に述べれば、同年八月に学生約二百人が日本を出発し、鏡泊に入植したのは同九年三月であった。

その目的とする所は、アジア主義を抱《ほう》懐《かい》する青年を陶冶鍛錬《とうやたんれん》し、満州建国の理想成就に献身すべく模範的な人材を養成することにあつた。その学園設立を一手に担ひ、総務として尽力した人物が宮崎県出身の山田悌一《やまだていいち》であつた。

ところが入植後僅か三ヶ月にも満たない昭和九年五月十六日（検死確認日は十七日）午後一時頃、突如襲撃した共匪《きょうひ》によつて、悌一ほか総数十三名が殉難するといふ事件が起きた。その悲劇に巻き込まれた中に宮崎県出身の学生三人もゐた。

以下、五族協和（日、漢、朝、満、蒙）の王道楽土建設を目指し、満四十二歳で悲壮な最期を遂げた山田悌一の生涯を通して、アジア主義の理想と挫折を見て行きたい。

梅田雲浜《うんぴん》と山田家

山田悌一は明治二十五年宮崎県都城に生まれた。旧姓は喜多で後に養子となつて家督を継ぎ山田姓を称したといふ。その山田家は、幕末の志士梅田雲浜の早世した兄の子で姪にあたる登美子の嫁ぎ先であつた。

梅田雲浜は小浜《おばま》藩士で、尊皇攘夷を求める志士たちの急先鋒となつて徳川幕府を厳しく批判、大老井伊直弼によつて捕縛され獄死したことで知られる。世にいふ「安政の大獄」である。「妻は病床に伏し児は飢ゑに泣く」は、如何にも幕末にあつて全てを国事に捧げた雲浜ならではの絶唱といへよう。病んだ妻は奔走する主人を優しく送り出したといふ話は涙を誘ふ。その雲浜の志を継承したのが姪登美子で、在野の志士や長州藩士、さらには西本願寺門跡に面会する際などにも同席させたといふから信頼は厚い。雲浜亡き後はその顕彰に努め、京都市東山区の安祥院《あんしょういん》に雲浜の元服時の前髪を埋葬して墓を建ててゐる。

　その後の登美子と山田家との関係については、野田美鴻『先師録――中道にして斃れた先師山田悌一先生伝』に詳しい。青蓮院宮家家臣で梅田門下の山田勘解由《かげゆ》と結婚、維新後に、勘解由は明治政府の官吏となる。子のゐなかつた二人は養子を迎へるも病で失ひ、長崎出身の山崎倉太郎を養嗣子《ようしし》として新たに迎へた。そして退官後は東京駿河台に興風女学校を設立するなど女子の教育向上に努めた。これは後の悌一の学校建設に深く影響を与へたものと推測される。

梅田雲浜　文化12年（1815）～安政６年（1859）　（写真提供：国立国会図書館）

　養嗣子となつた倉太郎は、皇典講究所（國學院大學の設立母体）や学習院でも教鞭を執り、また登美子の興風女学校の経営にもあたつた。幕末に奔走した女傑の子として杉浦重剛や頭山満などとも交流した。藤本尚則の『国師杉浦重剛先生』によると、「論語を受け持つてをられたが、そのうち先生（杉浦重剛のこと）より日本中学の修身科担当として聘《へい》せられた。氏の学問は真に日本的なもので、氏一流の見識において異彩を放つた」といふ。

その倉太郎の弟子にあたるのが喜多悌一である。尊敬する先生が病床にある時は快癒《かいゆ》を祈り、献身的に看病にあたつたといふ。この師弟の絆は登美子の目にも麗しく貴く見えたのであらう。倉太郎死去後に悌一は、登美子の再三に亘る懇願と頭山や杉浦の薦めもあつて、山田家の養子に迎へられたのである（大正十年十月十一日）。

そのやうな経緯で山田姓となつた悌一は、軍部とのつながりも深かつた。

都城出身の財部彪海軍大将が中尉時代に同地に創設した「尚武館」では、柔道の鍛錬に日々努めてゐる。上京後は嘉納治五郎の「講道館」に属したが、これは財部の勧誘によるものであらう。何故ならば、財部は軍神広瀬武夫等と講道館で汗を流し、自らも五段を習得、嘉納がオリンピック委員会総会カイロ会議から帰朝の途次亡くなつた際には、講道館館長代理を務めたほどにつながりが深かつたからである。さらには、上原勇作元帥とは公私に亘り深い関係を築いた。野田の『先師録』によると、「年令を超越し、元帥の知己として遇せられてゐた」といふ。『上原日記』にも、「山田悌一氏、都城の事、話に来る」（大正十三年十月三十一日付欄外）とある。また、悌一の父喜多秀一郎は北諸県郡郡長の職にあり、いはば同地区出身の上原とは親子二代の付き合ひとなつたわけである。

さて、悌一が登美子からどのやうな教育を受けたかは知る由もないが、悌一が大陸浪人から教育者の道を選んだ背景には、見て来たやうな山田家の家風や、軍部とつながりの深い人たちとの縁が存在してゐたことだけは確かである。

満蒙《まんもう》独立運動に挺身

山田悌一は明治四十三年宮崎県立都城中学校を卒業してゐる。

同四十五年には東洋協会専門学校（拓殖大学前身）支那語科に入り大正四年三月に同校を卒へたが、是より前の大正二年九月善隣書院に入学、宮島大八の私塾に寄寓して薫陶を受けたといふ。大八は山形県米沢の人。書家としても著名で、中国語教科書『北京官話急就篇』を刊行するなど、戦前の中国語教育に大きな足跡を残した。いへば、大川周明も満州事変の首謀者とされる石原莞爾《かんじ》も山形県出身である。

大川周明と拓大についても触れておかう。

戦前の拓大は、欧米列強に搾取されてゐたアジア諸国の「解放」に挺身する人材の育成を主眼としてゐたが、その思想に共鳴する多感な青年学徒が全国から雲集し、アジア各地に雄飛したのである。初代満鉄総裁の後藤新平は、大正から昭和にかけて拓大の学長を務めた。満鉄（南満州鉄道）には拓大の卒業生が少なくなかつたし、また満州と縁深い大川周明が、満鉄調査部と拓大教授を兼務してゐたのもさういつた背景と関係があらう。

その大川の思想を受け継いだのが大雄峯会《だいゆうほうかい》を主宰する笠木良明で、満鉄を辞して自治指導部（後の県参事官）に参画する。「搾取なき王道の実践とともにさらに復興アジアへの前進」といふ笠木の教への通り県参事官たちは、権力を背景にした行政官としてではなく、民衆の実生活の奉仕者として共に農民の先頭に立つて働いた。五族協和の王道楽土建設を目指して生命を賭して開拓に従事したのである。満州社会に身を投じる生活が如何に危険と背中合はせであつたかは、田中建之の『靖国に祀られざる人々』を見れば明らかであらう。県参事官に奉仕した拓大出身者四十九名の内、殉難者は二十名を数へたのである。

悌一はこのやうな校風を学び、大志を抱いてアジアといふ大海原に飛び込んで行つたのである。そして、善隣書院で知り合つた川島浪速《なにわ》（「東洋のマタ・ハリ」と称された川島芳子は養女）の傘下に身を投じて第二次満蒙独立運動に挺身して行く。大正五年陸軍省特務機関の一員として蒙古に入つたと「三州日日新聞」（昭和九年五月二十三日付）は伝へてゐる。

当時川島ら大陸浪人は、満州、蒙古を一丸とした独立国家を建設（支那分割）、ロシアの南進を阻止し、アジアの恒久的平和維持を目途として活動してゐた。川島は清朝の王族粛親《しゆくしん》王《のう》と義兄弟の盟を結び、さらにはパプチャップ（＝巴布札布）将軍をはじめ蒙古独立運動志士らの強い支持を得てゐた。日本国内においても、軍部はじめ政財界に多くの賛同者がゐて側面的に支援したことはいふまでもない。日本はロシア南下を防ぐために親日的な国家が満蒙に存在することを望み、またパプチャップ将軍らは、清朝崩壊によつて訪れた満蒙独立の機会を日本人の助けを借りて果たさうとしたのであつて、大陸浪人たちはその双方の思惑に時には振り回されながら奮闘したのである。悌一はその幹部の一人で、「巴布札布が蒙古から手兵を提げて郭家店に進出し支那軍と戦ふや、彼は蒙古軍を援けて大に勇を奮つた」と、『東亜先覚志士記伝』は描写してゐる。

しかしながら満蒙独立の機は未だ熟せず、パプチャップ将軍も戦死した。夢破れた悌一は内地に戻り、その後は教育者としての道を歩むこととなる。

国士舘経営に参画

満蒙独立運動挫折後は内地に帰還し国士舘の創立に従事してゐる。大正八年十一月財団法人国士舘が設立されると理事に就任するが、これは悌一と国士舘長柴田徳次郎が大学は異な

前列左より頭山満、野田卯太郎、渋沢栄一、徳富蘇峰。後列右端、柴田徳次郎
（国士舘維持委員会大正15年。「国士舘創立者柴田徳次郎生誕一二〇周年」より転載）

るものの同じ寮で寝食を共にしたことによる。それが縁で、悌一は柴田の令妹《れいまい》みつきを妻に娶つてゐる。なほ、その人脈の一人に天皇機関説事件で著名な蓑田胸喜《みのだむねき》がをり、昭和七年四月より国士舘専門学校教授に迎へられた。蓑田は自ら主宰し刊行する『原理日本』に、「若宮卯之助氏の好意ある御斡旋により今度柴田徳次郎氏が山田悌一氏と共に大民倶楽部を中心として苦心経営され来たりし国士舘専門学校に教鞭をとることとなりました」と記してゐる。

そもそも国士舘創設の由来は、大アジア主義者頭山満の思想に共鳴した柴田徳次郎が、緒方竹虎や中野正剛《せいごう》の知遇を得て、関東一円の学生を結集、大正五年に「青年大民団」（＝大民倶楽部）を組織したことに端を発する。その大民団の思想を広める教育機関として国士舘は産声をあげたが、その設立には、頭山満はじめ野田卯太郎、徳富蘇峰、財界からは渋沢栄一など錚々たる人士が関与した。

玄洋社の頭山満については説明は不要であらう。一方、緒方竹虎は戦後自由党総裁となるなど政治家として著名であるが、元々は朝日新聞記者（後の副社長）で、その同志とも言へるのが中野正剛である。中野は福岡県修猷館《しゅうゆうかん》で緒方と出会ひ、以降早稲田大学、朝日新聞と同じ釜のメシを食つた。戦時下昭和十八年に「朝日新聞」に掲載された「戦時宰相論」では東条内閣を厳しく批判、逮捕後割腹自殺を遂げた。柴田徳次郎は福岡県筑紫郡那珂川町生れで早稲田出身であるので、同郷同窓の縁を頼つて学校経営に乗り出したことが理解されよう。また大民団国士舘創設の中心人物の多くは、頭山の玄洋社とのつながりが深い。薩長藩閥政治は弱体化しつつあつたが、地縁血縁は未だ色濃く残る時代であつた。

宮崎県と大民団の関係も見ておかう。

悌一の出身地に都城支部が結成されてゐる。大正十二年八月には悌一、副島義一（法学博士・代議士）、立花小一郎（陸軍大将）による「大民倶楽部都城支部講演会」も開催され、新たに十二名が入会してゐる。また初期メンバーには、後に八紘之基柱を建設する相川勝六宮崎県知事の名も見られ興味深い。ちなみに悌一は、当時の麹町区《こうじまちく》隼人二十八番地の自らの土地と家屋一切を大民団に寄贈もしてゐる。大正十三年にはこの場所に建設された大民会館

（生存同盟会館）の落成式と、大民団結成十一年記念会が開催されたが、悌一の貢献のほどがわからう。

このやうに大民団と国士舘は車の両輪の如く発展したが、昭和に入ると国士舘の運営は難題を抱へてしまふ。昭和八年三月に惹起《じやつき》した柴田館長派と学校反目派の内紛が勃発したのだ。頭山満の調停によつて一応は解決したものの、両者の反目は依然解けずに同九年五月二日には、白昼中等部校舎の火事騒ぎがあるなど、その原因は内部放火の疑ひがあると「東京日日新聞」（昭和九年五月十九日付）は報じてゐる。

この記事を館長の柴田は苦々しく読んだであらうが、この三日前に義弟にあたる悌一が、満州鏡泊湖で殉難してゐることなど知る由もない。

満州鏡泊学園開学

昭和六年九月十八日旧満州奉天の柳条湖で満州事変が起きた。そして昭和七年三月一日には、愛新覚羅溥儀《あいしんかぐらふぎ》が満州国皇帝に就き満州国が建国される。

すると山田悌一は、かねてよりの懸案事項であつた満州大学設立構想を関係機関や要人と折衝し八面六臂《はちめんろつぴ》の活躍をするが、その経緯については、前掲本『先師録』に詳しいので本論では触れない。ただその努力が実つて、遂に十月三十一日付で満州鏡泊学園の開校が許された。満州国文教部許可状第一号であつた。これを受けて渡満学生募集広告が全国各紙に掲載された。結果、全国募集五三八名の内二二〇名が採用された。当時の入園面談について結城吉之助（後の山形県村山市長）は、山田悌一から面談を受けたとし、「初対面で山田氏の思想と容貌に魅せられ、入学願ひを申し上げた」といふ。

そしていよいよ渡満することとなつたが事は困難を極めたやうだ。『満洲の神社興亡史』を著した嵯峨井建によると、「満蒙開拓と勇んで現地入りしてみたところ、すぐ耕作できるのは意外だつた」との多くの証言に接したとし、その背景には一部関東軍による先住民の強制移転や強制買収があつたとする。確かに開拓地の買収に批判されるべき問題があつた点は否めない。

ところが、悌一が目指した鏡泊湖周辺は、未開の原野であつて開拓を必要とする地であつた。加へて、満州でも最も治安が悪い匪賊の巣窟《そうくつ》の地でもあつたのである。已む無く国士舘での三ヶ月の訓練を受けた後、八月に学生教職員が漸く日本を出発することとなつた。首都新京から敦化《とんか》に到着したものの関東軍の許可が下りずに仮校舎で待機し、漸く鏡泊に入植出来たのは翌九年三月のことであつた。その開校時の様子を「満洲日報」（昭和九年三月二十五日付）は、「アジア全土の炬とならん」と、悌一の顔写真を入れて大きく扱つてゐる。そして、午前七時に日章旗を揚げ皇居遙拝《ようはい》から一日が始まるとし、新天地建設の理想に燃える若人の熱気を報じてゐる。

昭和七年十一月に発表された学園規程には、「大亜細亜主義を抱懐する青年を陶冶鍛錬し満洲建国の理想成就に献身すべき模範的人材を養成する」と定め、事業として「自給自足と協力とを原則とせる理想的学園村」を建設経営するとしてゐる。兄弟村農場建設を夢見た橘孝三郎や、農本主義者権藤成卿《ごんどうせいきょう》の唱へた、国家建立の基礎を農業に置き、天地自然に無限の力を見て「国の太源」とする思想である。宮崎に建設された武者小路実篤の「新しき村」も、悌一の満州での学校経営に影響を与へたであらう。

しかしながら、学園周辺は反満抗日匪賊のため、常に死と背中合はせの生活であつた点は大いに異なる環境であつた。授業は、倫理、哲学、地歴、漢文、憲法等で全て東洋主義にもとづいて教へられたといふが、既に学園生活そのものが軍事教練の体制を取らざるを得ない状況であつた。全生徒を十二分隊、三個小隊に分けた中隊編成とし、「服装も武装をして起居は全部軍隊式ラッパによつて行はれてゐます」と、「満洲日報」は報じてゐる。宿舎周囲の鉄条網張りや温床つくり、さらには水田用地と水路の測量など、昼は農耕、夜は警備、降雨の日は読書といふ生活が続いたのである。

山田悌一の殉難

昭和九年五月十六日、山田悌一は職員二名、学生五名、軍人五名と共に寧安県庁に赴き用務を終へて軍用自動車に分乗し鏡泊学園に帰る途中であつた。

ところが共匪約百名が道路に溝を掘り両側に陣地を構へて一行を待ち伏せしてゐたのだ。一行は何れも重軽傷を負ひたるも屈せず応戦して敵匪十四名を斃《たお》したが、力尽きて全員壮烈なる戦死を遂げた。「自動拳銃を構へ、伏撃の姿勢のまゝに俯向になつた山田総務は、身に十数弾を受けてこときれてゐた。滴たる血潮が、白い鈴蘭の花を赤くそめてゐた」と、作家の加藤武雄は遺体捜査にあたつた塾生の話を紹介してゐる。

関東軍が反満抗日ゲリラに悩まされてゐたことは事実である。特に共産党に指導された「共匪」は、昭和八年以降組織的に抗日戦を展開して行つた。悌一が襲撃された年の出現回数は一万三千回で、匪賊数延べ九十万人、討伐死者数として八千九百人であつた。悌一の鏡泊学園設立が、如何に過酷な環境下に進められたものか理解出来よう。この事件以降に厳しい掃討が行はれ一旦は小康状態になつたが、匪賊の抗日戦は再び活発化、同十年には約四万回出現し次年も三万六千回を超えた。ゲリラ戦による悲惨な殺戮《さつりく》をお互ひに余儀なくされたのである。

なほ、この共匪の襲撃によつて五人の学生も悌一と共に殉難してゐるが、その内三人は宮崎県出身者であつた。一人は宮崎市の菅原虎雄で、昭和七年宮崎中学校卒業生であつた。宮中校長日高重孝は、「実に男らしい落ちついたよい生徒でした。校内では柔道初段で選手でしたが、卒業後同学園に入つて三段になつてゐたさうです。同君の死は本校々友会として実におしい事を致しました。来たる二十四日の本校招魂祭にはねんごろに同君の霊をとむらふつもり」と追悼してゐる。また亀澤貞雄は、悌一と同じ都城市出身の南小学校高等科卒業生で「血書して志願せる勇志」であつた。同じく都城出身の室田隼雄は、真つ先に敵に応戦したのであらうか。「一番先頭にて敵弾数発を受けて…戦死」と、同郷同窓の野口義夫が書き残してゐる。

かくして殉難者の遺骨は分骨後東京に帰されることとなつたが、英霊がご帰国されるまで約一ヶ月の時間を要した。鏡泊学園での慰霊祭を経て、敦化、新京、奉天、大連各地で慰霊祭や告別式が斎行されたからで、漸く六月十四日朝に門司港に到着、十五日の午前八時に東京駅に到着したのであつた。遺骨が東京に着くや国士舘にて三十日祭（神式）が、そして翌十六日には増上寺においても朝野有志の盛大なる告別式（仏式）が斎行されたが、参列者は、頭山満、宮島大八や軍関係者等どちらも一千名を超えたやうで、さすがの「大殿堂も立錐《りっすい》の余地もない有様」であつたといふ。山田悌一らの死は国民に衝撃と深い悲しみを与へた。

さて、指導者をなくした生徒達は路頭に迷ふこととなつた。

前掲結城吉之助によると、学園は資金難と食糧難に見舞はれて窮地に陥つたといふ。そして、蔬菜《そさい》が欠乏したために野草で食ひつなぎ、結果、消化不良を起こしアミーバー赤痢に生徒の四分の三ほどが罹つてしまつた。当時の「満洲日報」(昭和十年八月十八日付)はなかなか厳しい。「集団的にせよ個人的にせよ当初より無事無難に運び行くものと思ふのは間違ひだ」とし、ブラジル移民に見倣ふことを説いてゐる。そして昭和十年十一月二十一日最初で最後の学園卒業式が行はれ、遂に全学園生は悲壮な決意を胸に四方に散じたのである。

国士神社の創建と慰霊碑の建立

各人の希望により進路が選択された。現地残留三十人、第四次城子河《じょうしか》開拓団へ基幹移民として入植する者、北満三河へ自由移民としてロシア式酪農を志望する者、協和会、拓殖公社、満鉄へと各々散開したといふ。大黒柱を失つた学園が廃学となつたことはもちろんのこと、鏡泊湖に留まることさへも危機を迎へてゐた。

ところが、現地に残留した一人三堀幸一によると、「満蒙開拓移民の父」と称される東宮《とうみや》

国士神社と学園生（嵯峨井建『満洲の神社興亡史』より転載）

鉄男《かねお》少佐（張作霖爆殺事件の実行者）の尽力によつて三十人の正式な残留認可が下りたといふ。また治安も関東軍や警察の共匪掃討によつて幾分かは好転し、学園再興は残留者の使命となつた。満系八人、朝鮮系二人、日系六人が新たな学園村塾に入塾した。

昭和十五年、内地では初代神武天皇が大和橿原で即位されてより二千六百年の佳節の年を迎へてゐた。漸くにして落ち着きを取り戻しつつあつた鏡泊湖では、橿原神宮の建国奉仕隊にも加はり共に汗を流した。また悌一死去後七回忌にあたるとして、先師慰霊の機運が起こつた。同年八月十五日には、鏡泊湖畔に徳富蘇峰揮毫の「興亜烈士の碑」の除幕式が斎行された。また同時期に悌一の殉難地には頭山満の「嗚呼殉国十九烈士の碑」も建立され、式典の後に参拝してゐる。国士舘から鏡泊学園設立に関与した二人の慰霊の気持ちが、雄渾なる墨書となつて悌一らの御霊を慰めたことであらう。

ところで、その先師を悼む弟子たちの想ひは、悌一を祭神とした「国士神社」の創建を実現させた。前掲『満洲の神社興亡史』によると創建は昭和十五年で、「御霊代は山口県布施の石城山にある神道天行居にまつられていたものを迎えた」と、当時塾生であつた坪井道興の話を紹介してゐる。学園村内に創建された小さな祠ではあつたが、毎朝この前で朝礼が行はれて一日が始まつたといふ。また、康徳七年（昭和十五年）二月一日に調査された「満洲国開拓地神社概況一覧表」によれば、国士神社は昭和十六年十月造営予定となつてゐる。海外神社の研究に努めた小笠原省三も、昭和二十八年刊行の『海外神社史』の「特殊な神神」の中で、「山田珠一命として些やかな神社を建てて祀つてゐた」（※「珠」は誤植か）と認めてゐる。

今日これらの慰霊碑や神社は破壊されて跡形もないと思はれる。ただ皿木喜久によると、日本に帰つた学園出身者たちは「鏡友会」を結成し旧交を温めあつてきた。その一人鏡泊学園を卒へた岡部勇雄は、戦後栃木県那須高原に入植、昭和二十四年に「南ヶ丘牧場」を開いた。同六十二年九月には悌一等の慰霊碑も建立、殉難時に四歳であつた娘北村稔子も加はり、以後毎年一回集まつたといふ。筆者も平成二十五年十一月十二日に子息岡部勇一郎氏に面談

鏡泊学園を卒業した岡部勇雄が栃木県那須高原に拓いた
「南ヶ丘牧場」。第二回岩切章太郎賞が授与されてゐる。

南ヶ丘牧場に
つくられた
慰霊碑

し、同趣旨の話を伺つた。

なほ、この牧場に対して、「第二回岩切章太郎賞」が授与されてゐる。「観光宮崎の父」と呼ばれる岩切の功績を称へるために宮崎市が創設したものだ。岩切は、昭和十五年に紀元二千六百年奉祝事業の一環として日向建国博覧会を開き、八紘一宇をテーマとした「満洲館」を作つた人でもあつた。五族協和に共鳴し、宮崎市の八紘之基柱建設と、戦後の塔の復興にも尽力した。つまり、南ケ丘牧場に底流する悌一の開拓精神は、岩切を介在として評価され、時を超えて郷里宮崎と結びついたのである。

山田悌一の墓（都城市営西墓地）

まとめ

昭和二十年八月十五日大日本帝国は敗れた。

鏡泊湖畔にも危機は忍び寄つたが、ある塾生は、「ソ連軍の日本人狩りの情報が入ったときなど、暗夜に三隻の舟を出して、婦女子共々我我を東大泡まで移してくれ、村人の温かい庇護を受けた」とし、また三堀幸一は、「我々日本人に対し現地満州人はことごとく同情と、日本人引揚げに際しては、涙を流して別離を悲しんだのである」と記録してゐる。

さらに悌一の娘北村稔子について前掲の皿木喜久の文章から紹介しておかう。

平成十一年稔子は家族と鏡泊湖を訪問してゐる。当時の村長の息子が近くに住んでゐて、その男の話によると、父親が日本に加担したとして処刑されさうになつた時、それを現地に残つた日本人が弁護して助けてくれたといふ。これに近い話として、岡村善四郎も反満抗日の共同謀議の容疑で逮捕された村長等四十三人の釈放請願運動の秘話を書き残してゐる。これらの塾生の正義感と救命尽力は村民の共感を呼び、「命の恩人とまで尊敬され親しまれるようになっていた」のである。

五族協和を夢見て、未開の満蒙の地にあつてアジア「解放」といふ理想に燃えて殉難した名もない復興アジアの志士群の歩みは、満州に五族協和を夢見た人たちと現地人との交流美談を今日なほ留めてゐる。これこそが、山田悌一が目指した理想郷の姿であつて、「アジア全土の炬とならん」と欲した学園教育の成果であつた。

一つの家を国家社会の模範としようとした五族協和の精神（「八紘一宇」の精神）は、個別には確かに存在したことを、悌一の死とその後の学園生活の史実が物語つてゐる。

夢野久作の「友人」・菊池秋四郎

『外人の見たる日本及日本青年』

夢野久作（杉山萠圓《もえん》）の、処女作とも称すべき単行本が刊行されたのは、大正七年十月のことであつた。『外人の見たる日本及日本青年』といふもので、久作の研究者として著名な西原和海によると、久作を愛した或る女性の手元で秘かに眠つてゐたものといふ。

本作は二部構成となつてをり、一部にあたる同タイトルの作品は、欧米列強の植民地政策によつて祖国を植民地とされたアジア某国出身の「外人」が、日本に亡命して来た設定となつてゐる。その外国人は、祖国を思ふ憂悶《ゆうもん》の情を切々と吐露《とろ》しながら、欧米列強の帝国主義の爪牙《しが》は次には必ずアジアに向けられるとし、このまま放置してゐたら白人の奴隷となるだらうと訴へるのである。

そして、その列強に対抗してアジアを守ることが出来るのは日本しかないとするが、現状は惰眠をむさぼつてゐるといふ。「今の日本の青年は新らしい日本の青年としてあまりに無意識です」と説き、さらには「現今の日本の青年の中に一人もパトリックヘンリーは居ないのでせうか。日本の青年の精神の自由のために叫ぶ人は居ないのでせうか」と結んでゐる。外国人の声を通して、「これで良いのか」と警鐘を鳴らしながら日本の青年達に語りかけるのである。ちなみに、「パトリックヘンリー」とは、「自由を与へよ。然《しか》らずんば死を」といふ名文句を遺したアメリカの政治家である。イギリスに対する抵抗運動を煽動して見事にアメリカを独立に導いたことでも知られてゐる。

ところで、この書籍中に「寄書（大きな拳骨）」といふ文を執筆してゐる人がゐる。その名は菊池秋城（秋四郎）といふ。内容は、米国帰りの「一紳士」のいふ、国権伸張に突き進んでゐる日本批判に対して、著者が一撃を加へるといふ設定である。「咒《のろい》の炎を挙げて日本の現状を罵倒し痛論」するのであるが、秋四郎は、日本帝国のアジア解放といふ使命を説いてゐる。一紳士が褒めちぎる米国も、人道主義の網から抜け出して、遂に戦争に参加したではないか、大統領の専制政治を許してゐるではないか、と反論するのである。そして、米国かぶれの一紳士に拳骨《げんこつ》を突き出して追ひ払ふといふもので、欧米の侵略主義に対する「日本人の覚悟」を示すべきだ、といふ強い意志が伝はつて来る。

また、秋四郎は「序」も書いてゐて、「友人杉山萠圓君」と記してゐる。この点については久作も、「友人菊池秋城氏に非常な面倒をかけた」（「はしがき」）と書いてゐる。お互ひに「友人」と呼び合ふ間柄らしく、中表紙の表題ページには、読者の興味を惹くべく囲み記事まで秋四郎が書いてゐる。曰く、「△今や地球上に大争闘は起れり！△やがて全世界に破壊は来らんとす!!△汝の名を日本人と日本国家なりと呼ばしめよ!!!」と。そして、この本の刊行は「菊池書院」となつてをり、発行人菊池秋四郎と同住所である。これらのことから類推すると、この久作の処女作の刊行には、「友人」たる秋四郎が支援してゐたことが読み取れるのである。

しかしながら、この秋四郎に関しては、『玄洋社社史』の編修主任者として名前を認めることが出来るものの、その事績を記録した論考は、管見に限れば一つも見当たらない。地元宮崎にあつても、その出身地たる『北方町史』に略歴程度の記述はあるもののほぼ無名といつても過言ではない。二十余の著書を著したとされ、さらにはジャーナリストとしても活躍した久作の「友人」、菊池秋四郎なる人物の足跡を紹介したいと思ふ。

菊池秋四郎とは

菊池秋四郎は、明治十七年（一八八四）、宮崎県の東臼杵郡北方村曽木（現延岡市北方町）に、

父慶太郎と母くまの四男として生まれてゐる。

秋四郎の一族は、遠く熊本隈府《わいふ》城主菊池則隆に出て、有名な菊池武時の叔父菊池武本を以て祖とするといふ。つまり勤王の菊池一族の門葉で、戦時下にあつて「天皇機関説事件」で名を馳せた菊池武夫男爵（陸軍中将）とは遠縁にあたる名門である。よつて明治十年の西南の役では、同じ菊池一族の西郷隆盛を一週間に亘り匿つたと秋四郎の妹・寺沼トシ（とし子）が記録してゐるが、その真否は不明である。トシによると、菊池家の本箱の蓋の裏には、「忠臣菊池の末なれば勉め励めよ子々孫々」と墨筆で鮮かに書かれてゐたといふ。当然ながら兄の秋四郎もこの墨筆を見て育つたと思はれる。秋四郎の思想背景には、菊池一族の勤王思想が息づいてゐたであらう。

菊池秋四郎
明治17年（1884）～ 昭和22年（1947）

昭和初期には、昭和維新運動を提唱する青年将校等が五・一五事件や二・二六事件等を起こした。天皇御統帥の下に挙国一致体制、「天皇親政」を布《し》くべきだとして政府の要人や財閥関係者等を暗殺する。遂には「国体明徴《めいちょう》運動」と相俟つて、天皇も国の一機関に過ぎないとした美濃部達吉の「天皇機関説」の学説は禁止されたのである。このやうな世情において秋四郎も、「頭山満翁葦津耕次郎氏後援の下に昭和維新会を組織して『天皇政治』を提唱」したといふ。

この「昭和維新会」とは如何なる組織であるか不詳である。ただ秋四郎が、玄洋社の頭山満や神社界の重鎮であつた葦津耕次郎と交はつたことは、後述するやうに、秋四郎が『玄洋社社史』の編修主任であつたことを以て理解できよう。ちなみに、夢野久作の父杉山茂丸も「天皇機関説」には反対の立場を採つた。茂丸の盟友金子堅太郎によると、茂丸が亡くなつた日に、金子は天皇機関説排斥の演説を、全国の大学や高等学校から七八百人集めて文部省で開催したのである。「杉山も満足したらうと思ふ」と金子は語つてゐる。

さて、話を秋四郎の幼少期に戻すが、父は鉱山経営に手を染めて事業に失敗、明治二十六年二月二十二日に自刃して果ててしまつた。秋四郎が九歳の時で、遺された母と二男四女の子供達は当然のことながら路頭に迷ふこととなる。母は多額の負債と六人の子供達を抱へながらも、北方町の槙峰鉱山の飯場で米や塩砂糖を売つて家計を支へた。八方手立てを尽くして借金の返済に充てたが、遂に実家さへも手放す事態となつたのである。

しかしながら苦学力業し、旧制延岡中学校を経て早稲田大学文科に学び（中退）、さらに日本大学高等師範部に入り、明治四十四年に卒業してゐる。尚、延岡中学校第一期生の同級に歌人として著名な若山牧水がゐる。秋四郎は当時を回想して、「中には高等小学校卒業後、数年遊んでいた人なども入学したので、若い先生と年をとった生徒の年齢には、余り隔りのない人が尠くなかった。今は既に亡い若山牧水君等が十五歳位で、一番年下だったと憶えている」と述べてゐる。

秋四郎は野球部長をしてゐたやうで、その遠征先（都農町）に牧水等が応援に出かけたり、秋四郎宅を訪ねたこともあるほどに、学生時代の二人の関係は意外にも深いのである。

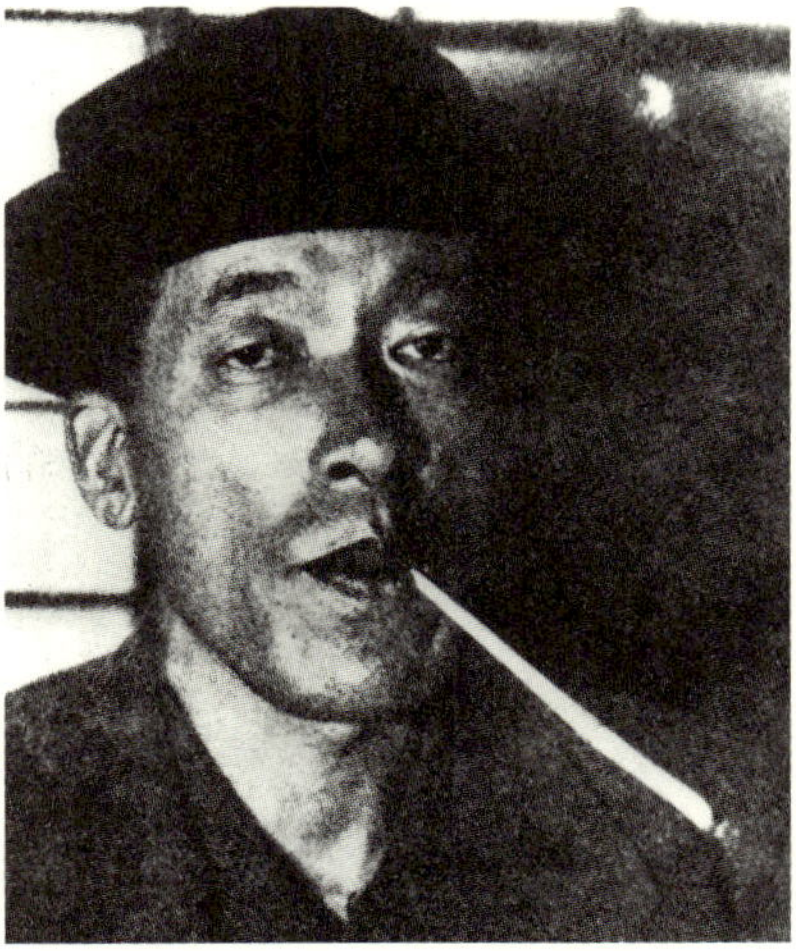

夢野久作　明治22年（1889）～昭和11年（1936）　（写真提供：杉山満丸氏）

「玄洋社の今昔」執筆

菊池秋四郎は、明治四十四年に二六新報（後の東京二六新報、世界新聞）に入社し、記者として歩みだした。さらに讀賣新聞、東京日日新聞に転じて、後に東京日日新聞と大阪毎日とが合併した際に同社を退社して、遂には大阪朝日新聞社福岡通信部の初代主任に就任したといふ。なほ、福岡通信部に推薦したのが本多精一（雪堂）であることは興味深い。本多は明治三十二年に大阪朝日新聞社の経済部長に就任、一旦は退社したものの同四十四年に客員となつてゐた。玄洋社と関係浅からぬ、中野正剛や緒方竹虎とも交流があつた人物で、ここに初めて玄洋社と秋四郎との接点が生まれたのである。

そして、大正二年九月十五日付の『日本及日本人』に「玄洋社の今昔」といふ論考を発表してゐる。

秋四郎は、取材のために玄洋社を訪れた時の感想を、「最初訪問するとき内心一種の厭嫌《マヽ》を持つて居た」と告白してゐる。ところが見ると聞くとでは大違ひであつたやうで、「社員総てが磊落豪放《らいらくごうほう》で、而も其内にゆかしい謙譲の徳の潜んで居るのを見て、却つて驚いた」と吐露してゐる。具体的に誰に会つてどのやうな取材をしたのか詳らかではないが、玄洋社の付属施設であつた武道場「明道館」にも出入りしてゐたやうで、武道を通じて信用を勝ち得たのかも知れない。

一方、秋四郎より五歳年少で明治二十二年生れの夢野久作は、慶應義塾大学予科文学科に入学、翌年在学中に見習士官として将校教育を受けて陸軍少尉を拝命してゐる。さらに大学を大正二年に中退、帰福し「杉山農園を確立す」と略歴にある。よつて、玄洋社の取材を通じて二人は知り合つたとも推測されるのであるが、果たして「友人」としての付き合ひであつたかどうかは疑問である。

何故ならば、この論考において、秋四郎は辛辣に久作の父杉山茂丸を批判してゐるからである。曰く、「今日玄洋社の事実上の副社長である現代議士大原義剛などは杉山に小金を受けて其草履執《ぞうりとり》となり、九州日報には官僚筋の目腐れ金を受けて之を経営し、自身社長となつて居る。之が為め質実剛健なる玄洋社の健児までが、気の毒にも後藤、杉山系の官僚的色彩を帯び来りはせぬかと疑はれて居る。杉山一度び威張るに至りては玄洋社も漸く昔日の重みを失ふの観がある」と、歯に衣着せぬ論調である。さらに現社長の進藤喜平太の後は、「代るべき人物がない」とし、この人事に「杉山一族が串戯《ふざけ》気た真似をすると、前途は益々憂ふべきものだ」と、危惧してゐる。

このやうな論調となつた背景には、「大正政変」（大正二年）が影響してゐるやうである。それは、藩閥政治を打倒して政党内閣をつくらうとした政治運動で、長州閥の桂太郎が組閣すると政党や新聞記者等が中心となつて激しい護憲運動が起こつたのである。ところが茂丸は桂内閣の影の参謀として精力的に暗躍したことから、勢ひその矢は茂丸に向けて放たれた。その急先鋒となつたのが玄洋社の中野正剛であつたから、近親憎悪の様相を呈した。秋四郎も憲政擁護記者グループの一員として茂丸批判を展開したといふわけである。そもそも秋四郎を福岡通信部主任に推薦した本多精一が、この運動の中核を担つた人物（憲政擁護会を創設）であつたから当然であらう。結果、桂内閣は五十日の短命に終はつた。

このやうに秋四郎は、藩閥の政治権力と金によつて万事が動くことに不満を持つてゐた。そこで、玄洋社の国士、豪傑風の出番を期待した。玄洋社精神の覚醒の意味を込めてこの論考を執筆したといふのである。実に十六節に及び、四百字詰め原稿用紙六十枚余の長文である。単なる福岡県の名物としてでなく、日本の名物として永遠に存続させて貰ひたいと、その発展を願ふのである。

『玄洋社社史』編修主任

大正二年九月『日本及日本人』に「玄洋社の今昔」を発表した菊池秋四郎であつたが、この文は多くの玄洋社員にも読まれたことであらう。

といふのも、四年後には自ら編修主任（実質の執筆者）となつて、玄洋社の歴史や関係人物の事績を網羅した、実に七百三十ページにも及ぶ『玄洋社社史』（大正六年七月十日刊行）を上《じょう》梓《し》したからである。

その目的は、「予の玄洋社史に筆を執るもの只一玄洋社を伝へんが為のみにあらず、さらに之に因つて国民に尽忠報国を説き玄洋社に倣ふて新に萬千の玄洋社を起さしめん為」と述べるが如くである。基本的には「玄洋社の今昔」の執筆目的と同じであるが、より具体的且つ鮮明になつたといへるだらう。

「緒言」には、「宮崎県人菊池秋四郎氏福岡に滞留年あり、深く玄洋社員と親交を結び其史を審し、且つ史蹟の湮滅せんことを憂へ閑を得て之を編述せんことを期す」とあり、さらに「菊池氏専ら其編纂の任に当り」と明記してある。また、的野半助前代議士、大原義剛前代議士、美和作次郎国民党幹事連名の「監修の辞」には、「偶々菊池幡掛両君予等の僑居を歴訪し、告ぐるに玄洋社々史編纂会設立の事を以てし、且つ社史編纂の監修を乞は」れたと、三人が本書を監修した理由が示されてゐる。

ところで、この『玄洋社社史』の刊行には神社関係者の尽力も少なくなかつたのである。その一人に前述した葦津耕次郎がゐる。靖国神社神門をはじめ全国の社寺建築にあたつたことでも知られてゐる。葦津は赤坂霊南坂の頭山宅の隣家に住み、玄洋社社員と交流があつた。尊敬する同郷の先輩として、頭山満と杉山茂丸を挙げてゐる。頭山に会ふ度に、「自己の狭量をしみじみと恥しく思ふ」と述べ、また茂丸には正直者と褒められたとして、「俺が難行苦行に面した時、常に正直を貫き得たのは、杉山翁の言を服膺《ふくよう》したがためである」と語つてゐる。そんな玄洋社に連なる国士達の事績を社会に示すことで、国民の元気振作に資するといふのである。

頭山満　安政２年（1855）〜 昭和19年（1944）
（写真提供：国立国会図書館）

さらにいへば、この本の発行人は幡掛正《まさ》木《き》である。後に宗像大社や筥崎宮宮司を務める人で、「九州探題」と称せられるが如くに神社界の重鎮となつて行く。その子に後の神宮少宮司幡掛正浩がゐる。正浩の夫人珠子は葦津耕次郎の娘であつて、神道思想家として著名な葦津珍彦《うずひこ》の妹でもある。『玄洋社社史』の刊行には、葦津、幡掛といふ神道人の血脈が底流してゐることを知るのである。ちなみに子息珍彦にも『大アジア主義と頭山満』（日本教文社）の名著がある。

ともあれ、玄洋社の歴史を知る上では必読の今や稀覯本で、頭山は社史の発刊を大層喜び「これで玄洋社の結末がついた」と述べたといふ。また、この本の再刊（昭和五十二年）にあたつて解説文を記した原田勝正によると、玄洋社の「『正史』的存在としての正統性」を持つてゐると解説してゐる。誤植が少なくないことは、既に石瀧豊美が指摘するところであるが、今日においても必ず引用されるなど、その価値は色褪せてゐないのである。

さて、この大部な書籍の刊行に夢野久作の関与があつたかどうかは不明である。しかしながら、「玄洋社の今昔」に於いては辛辣《しんらつ》に書かれた父杉山茂丸に関する記述は是正されてゐる。第五篇第三十五の「玄洋社員の面影」の中に、玄洋社三傑の箱田六輔、平岡浩太郎の記述後に、「頭山満と杉山茂丸」といふ記述が約二十ページに亘つてなされてゐる。

その理由について頭山満の孫にあたる頭山統一は、「社史執筆にあたり調べがすすむうちに杉山の複式の性格と予測しがたい行動の奥に潜む純粋性に気づいていつたところに菊池の進境が窺える」と綴つてゐる。

「黒白」の編集同人となる

『玄洋社社史』の編修主任となつた菊池秋四郎は、大正六年の同時期に機関誌「黒白」(大正六年三月号創刊・築地台華社)の編集同人に就任して活躍の舞台を拡げたやうである。

この雑誌の主宰者は杉山茂丸であつた。つまり、「玄洋社の今昔」紙上で批判されたにも拘はらず、その執筆者を雇ひ入れ、新たに主宰することとなつた機関誌の同人に加へたといふことなのである。その点は前節で述べた大原義剛にもいへる。同紙上において、茂丸に小金を貰つて草履とりをしてゐると揶揄《やゆ》されたにも拘はらず、『玄洋社社史』の編纂にあたつては、監修まで引き受けてゐるのだ。その懐の深さには驚くばかりであるが、この辺りは玄

機関誌「黒白」創刊号表紙

洋社員が国士といはれる所以であり、小さな事に余り拘泥《こうでい》しない性格の人が多かつたやうである。

しかしながら、「黒白」の刊行については、慎重且つ強い拘はりがあつたやうに見受けられる。茂丸は創刊号の「其《その》日《ひ》庵《あん》法《ほ》螺《ら》丸稿《まるこう》」に、次のやうに出版目的を綴つてゐる。「今や庵門幾多の壮輩は再び議を決して復た一雑誌を刊せんとす。庵主之を抑止せんとするも肯かず。遂に制を排して月刊黒白の発行を見るに至る」と。つまり、門下生達が世相立直しと民心啓蒙のために再び刊行物の出版を企画し始めてゐることを知り、考へるところがあり計画を止めさせようとしたが、勢の赴く所、遂に発刊の已むなきに至つた、といふのである。

また雑誌名「黒白」は自らが名付けたとして、十字軍がエルサレムに到着した時の「大きな楯板」の話を記してゐる。楯板の一面を眺めた武将は「白きこと雪の如し」と嘆声を発したが、反対側にゐた武将は「黒きこと漆《うるし》の如しだ」と叫び、互ひに激昂して斬り合ひになりさうになつた。ところが、側面から眺めてゐた第三の武将が二人を宥《なだ》め、十分に楯板を見ることを諭した。改めて見ると、その両面は夫々に黒と白に塗り分けられてゐたといふ話である。つまり、両武将の姿を政争に奔走してゐる政治家等に見立てて、この新たな出版物にあつては、この寓話《ぐうわ》を常に念頭においてほしいといふのである。

そして、この機関誌の同人にはもう一人才能ある人物が加はつてゐた。それが夢野久作であつた。二人は、同人として頻繁に執筆して中心的な役割を担つたのである。例へば、大正六年八月号には、秋四郎の「時事漫語」と久作の「謡曲黒白談」が、また同七年十一月号にも、秋四郎の「時事一束」と久作の「繫驢橛《けいろけつ》」の記事が一緒に掲載されてゐる。

このやうに二人は、編集同人となつて「黒白」の発刊を支へたのである。創刊号を除けば概ね五十から八十ページの小冊子であつた。その表紙は、ハイセンスなもので、図案化された「白」の文字の下には、剣を両手に持つて襲ひかからうとしてゐる羽の生えた西洋の龍が、また「黒」の文字の下には、剣も持たずにそれを迎へ撃たうとしてゐる東洋の龍のデザインが施されてゐる。このグラフィックデザインが訴へようとしてゐる点は明白であらう。欧米列強の侵略支配に立ち向かはうとしてゐる東洋の龍の気概を、このデザインを通して訴へようとしたのである。ちなみに、一説には久作のデザインではないかといふが、多摩帝国美術大学初代校長を務めたことでも知られる杉浦非水のものである。右下に「ひすゐ」のサインが確認出来る。

果たして、父親の創刊した機関誌が縁となつて二人は急速に距離を縮めた。そして大正七年十月には、冒頭紹介した久作の『外人の見たる日本及日本青年』の刊行を見たのである。

満州での活動

その後の二人の関係はどうなつたのだらうか。

周知の通り夢野久作は、「九州日報」(現「西日本新聞」)の記者を経て、ルポルタージュや童話を書くやうになつた。また、探偵小説、幻想文学作家としての地位を築きあげて、十年の月日をかけて代表作『ドグラ・マグラ』を刊行することとなる。

一方、久作に比して記録の少ない菊池秋四郎であるが、大正八年には哈爾濱《ハルビン》印刷会社の専務に招かれた時に、赴任先の大連にて遼東《りょうとう》新報社長大来修治と相会した。その際に入社を請はれたさうで、奉天支社長に就任してゐる。また同十四年には遼東新報編集長に就任してをり、「理解なき支那官吏」といふ記事を書いて、「これでは到底満蒙の富源開発は困難」と窮状を訴へてゐる。ところが、同紙が満州日日新聞と合併(昭和二年十月三十一日)したことを機に退社して、今度は「遼東タイムス」を創刊してゐる。その経緯については、社長を務めた由井濱権兵が『満洲タイムス廃刊記念謝恩誌』に綴つてゐる。相も変はらず、当時は浮き沈みの激しかつた新聞業界を転々としたのである。

そして迎へた昭和七年一月には、奉天日報社を創設、軍閥の暴走を批判して満州国独立を説いたといふ。

ところが関東軍の介入や統制経済の流れを受けて、新聞業界にも徐々にその波は押し寄せ

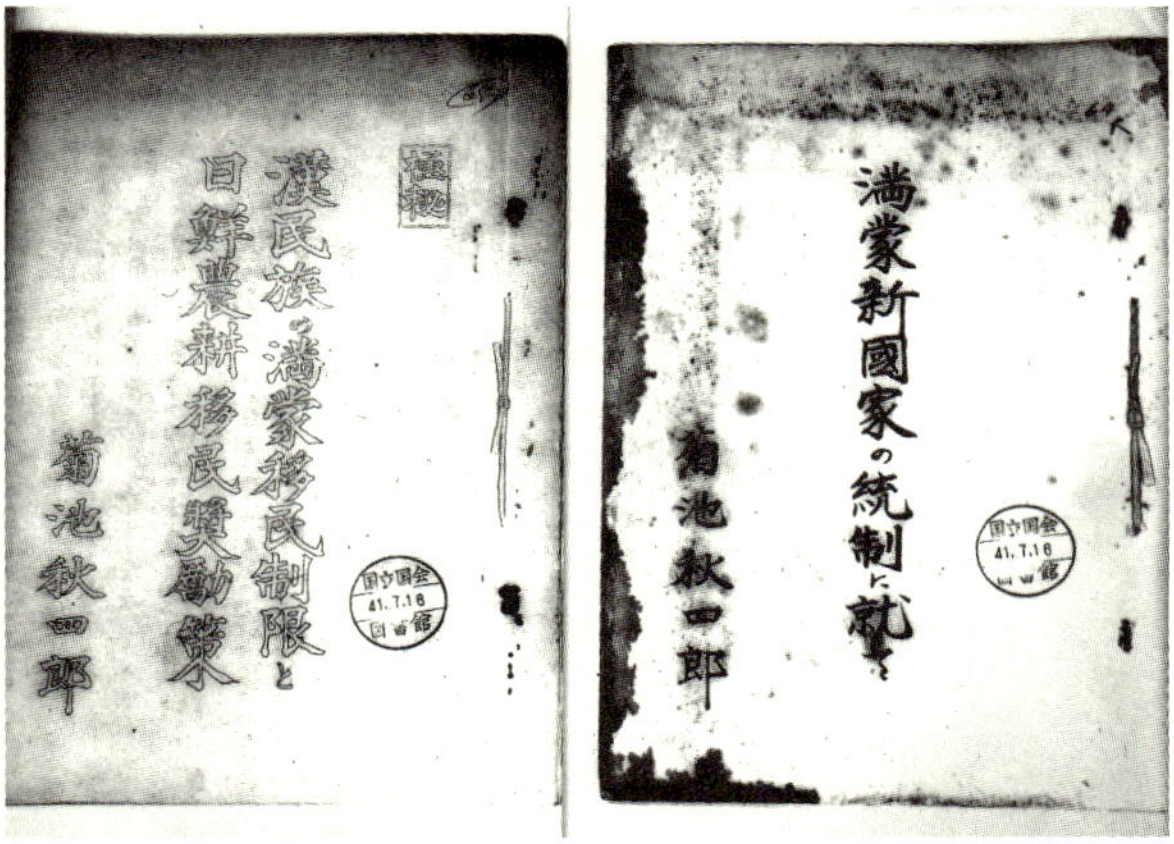

菊池秋四郎「満蒙新国家の統制に就て」「漢民族の満蒙移民制限と日鮮農耕移民奨励策」

てきた。昭和十一年九月二十八日には満州国政府（関東軍）が出資し、「満州弘報協会」が設立されると、満州における有力紙は協会傘下の加盟紙となつて統制下におかれたのである。これによつて満州国では満州弘報協会統制下の大手新聞社と、それ以外の新聞社が併存する形となつたが、秋四郎の関はつたといふ「奉天日報」は辛うじて発刊を継続できたやうだ。ただ第二次新聞整理によつて子会社の大半は大手に吸収合併され、遂に「盛京時報社」に昭和十二年七月三十一日を以て買収されたのであつた。

　この間の活動として、満州事変を起こした石原莞爾宛に出された秋四郎の「満蒙新国家の統

制に就て」（紀元二千五百九十二年紀元節＝昭和七年二月十一日）と、「漢民族の満蒙移民制限と日鮮農耕移民奨励策」（日付不明）といふ二本の長文レポートが、国立国会図書館憲政資料室に遺されてゐる。

前稿では、「国家其政道の正しきは必ず興り、其正しからざるものは必ず衰ふ其政道正しからざるは必ずや国家統制に欠陥あり、貧官汚吏跳梁して苛斂誅求、賄賂公行、綱紀の弛廃する所に始る」と述べて、以下、具体的に行政府名とその役割を詳細に論じてゐる。目指したのは祭政一致国家であつた。一方後者のレポートは、漢民族の増長を危惧するもので、日本人と朝鮮人（当時は日本人）の移民を促すものである。このレポートの影響が如何ほどあつたかは解らないが、周知の通り昭和七年頃から国策として満州移民は急激に増えて、昭和十五年には、満州国での日本人人口は一〇六万人（但し関東州、満州鉄道附属地、その他）を超えるのであつた。終戦時における満州引き揚げについては、筆舌に尽くしがたい惨状であつた。秋四郎も命からがら引き揚げて来たのであらうが、管見に限れば、本人の執筆記事は見つかつてゐない。

ともあれ、満州ではジャーナリストの傍ら日満興業株式会社取締役社長の肩書も持ち、また『「満州」に渡った一万人』の略歴によると、奉天地方委員、副議長を務め、鉱山業を営んだともある。満州での活動には未だ検証すべき点が多々あるが、『奉天二十年史』を編纂するなどの確かな足跡を遺したのである。

政治家を目指す

このやうに満州国に深く関はつた菊池秋四郎であつたが、自ら理想とする施策を実現するためには政治家になることが得策と考へたのか、無謀にも選挙戦に打つて出た。

大正十年には満州自由国建設運動を起こし、同十三年と昭和三年には一時帰郷して第十五、十六回衆議院議員選挙に立候補したのである。満蒙問題の早期解決を選挙で訴へたのであるが、地元に根ざしてゐない選挙戦に勝てるはずもなく、共に大敗してゐる。

大正十三年の初選挙では、宮崎三区からの立候補であつたが、総投票数の僅か一・五パーセント程度の票数しかとれてゐないことからしても準備不足は明らかであらう。本人は落選しても満州に戻ることが出来ようが、残された家族は肩身の狭い思ひをしたやうである。妹の寺沼トシは、「選挙の後始末のためにはとてもの苦難をあびたのであるがとても筆紙には尽す事を得ない」と綴つてゐる。

一方、前回の反省を得て昭和三年の立候補時には政友会の公認を得ることが出来た。西臼杵郡の高千穂公会堂に於いて「政見発表」まで行つてゐるが、「宮崎新聞」(昭和三年二月十九日付）に、「熱弁を振ひ多大の感動を与へたるも何分宣伝よろしきを得ず聴衆は少なかつた」とあるやうに、またもや落選の憂き目にあつた。

『普選第一次敗将の語らひ』に寄せられた秋四郎の敗戦の弁によると、「今回の宮崎県下に於ける立候補者中の雄弁家と噂され到る所に於て聴衆に感動を与へたるも買収行為が依然として行はれつつあるが如き今日に於ては演説会も未だ十分の効果なきが如く」といふ。いくら演説で聴衆を魅了しても票にはならないとして、その背景に依然として買収が行はれてゐると総括してゐる。そればかりか、「選挙制度改正意見」として、宮崎県は地区が広汎であるため、一県を二区に分別し、定員を二、三人にしてほしいとする意見など、十一項目に及ぶ提案を行つてゐる。この辺りは如何にもジャーナリストらしく、冷静に選挙制度の問題点を分析してゐる。

実際に「買収」は行はれてゐたのであらうか。その点について、後に第二十九代宮崎県知事に就任する相川勝六（警保官僚）は、自著『思い出ずるまま』に、政党腐敗の現状を書き遺してゐる。このやうな政党政治の悪癖《あくへき》が、後には昭和維新運動の目的の一つでもあつた、「天皇親政」の革新運動へと展開してゆくことも知らねばならない。

そして度重なる選挙の落選は、満州での民族派の政治運動に繋がつたのであらうか。満州事変が起こつた昭和六年には、満蒙の風雲急なるを見て再度渡満、爾来奉天に居を構へて大日本国粋会本部長、憂国同志会長となつたといふ。また、日米開戦論者となつて在満同胞の覚醒奮起を叫んだといふが、この辺りの『日本産業人名資料事典』の略歴記事の真偽は不明である。

ただ、「大日本国粋会本部長」はあり得ない話ではない。首相も務めた平沼騏一郎系の組織で、渋沢栄一や団琢磨《だんたくま》（血盟団事件で暗殺される）等の錚々たる経済人も支援した。大正八年十月に結成されると政友会系の全国組織として勢力を維持したのである。秋四郎は、第十六回衆議院議員選挙では政友会の公認を得てゐることからしても、建国早々の満州国奉天にあつて、組織拡充に一役買つたとしても怪しむことではない。

二度に亘り国政選挙に名乗りを上げたが、政治家たることの目的は遂に達成することは出来なかつたのである。ここに、半ば恨みにも似たる「反政党」の心情が生まれたのではないか。昭和五年に執筆された『日本治国の大本天皇政治の概要』は激烈である。

秋四郎の晩年

昭和九年、菊池秋四郎は満州にあつたが晴れて玄洋社員となつた（昭和十八年まで）。父も深く関はつた組織に、かつての「友人」が入社したことを夢野久作が知つてゐたか不明であるが、もはや二人の交流は途絶えてしまつてゐたのかも知れない。『夢野久作の日記』にも関連記事は見あたらない。残念ながら二人が親交を最も深めた大正五年から同七年頃までの日記は、戦火にあつて焼失してしまつたのである。

若き日に、『外人の見たる日本及日本青年』において久作が問うたアジア主義は、昭和八年に刊行された久作の『暗黒公使』によつて、その若き青年のナショナリズムの高揚の未だ衰へてゐない様を見ることも可能であらう。精力的に執筆活動を続けながら、日本人の更なる奮起を促した久作であつたが、昭和十一年三月十一日に脳溢血に倒れ急逝してしまつた。

一方の秋四郎は、昭和十四年二月十一日の紀元節前後に帰国して故郷に錦を飾つてゐる。天孫降臨の聖地・高千穂の聖蹟視察を目的とした参拝団を組織、自ら団長に就任して、奉天から百数十名を引き連れて来県したのである（「宮崎新聞」昭和十四年一月二十六日付夕刊）。ジャーナリストとしての仕事は既に引退してゐたと思はれるが、それでもなほ、満州では一定の社会的地位と指導力が健在であつたことを窺はせる一事である。

そして、久作の『外人の見たる日本及日本青年』が発刊された大正七年から二十三年後の昭和十六年十二月八日、日本はアジアの「解放」を目指すべく、遂に大東亜戦争へと突入したのである。

秋四郎は、この開戦を満州で聞いて歓喜雀躍《かんきじゃくやく》したのか、それとも満州国の未来に暗澹たる影が忍び寄つてゐることを察したか、この間の記録も遺されてゐない。ただ、可愛がつてゐた甥（寺沼トシの長男）が昭和十九年七月四日に中国の揚子江上《ようすこう》に於いて自爆戦死を遂げたことを知ると、「雄々しくも空に散りにし若桜君に捧げし勲たふとし」と詠んでゐる。

その後敗戦を迎へ、昭和二十一年六月二十八日に満州から引き揚げて帰国した。帰郷した秋四郎は引揚協会延岡支部長を務め、心に傷を負つた人達の世話をしたやうである。ところが、腰を据ゑるまもなく同二十二年四月五日投票の延岡市長選に立候補したのは、過去の二度の落選を見ても無謀なことであつた。選挙戦では、市民は憔悴しきつてゐるとして、遅々として進まない現状を打破するために立候補したと訴へた。そして市民に幸福をもたらす政治の確立を基本として物資の入手の急を説き、復興事務所の官僚主義にも批判の声を上げた。しかしながら、市民の心にその訴へは届かずまたもや落選の憂き目にあつたのである。

この三度目の落選は、流石の秋四郎にとつても心の痛手となつたに違ひない。僅か三ヶ月の後の昭和二十二年七月十五日に死去してゐる。「市長選に敗れて以来恵まれることなく清貧に甘んじていた」とは、それを報じた「ポケット新聞」（昭和二十二年七月十八日付）の記事である。恐らくは悲嘆に暮れながら亡くなつたのであらう。享年六十四歳であつた。

その亡骸は、彼の故郷である延岡市曽木の慈眼寺《じげんじ》に葬られた。その小さな墓石には、「大燈院秋城偉孝大居士」といふ戒名が刻字されてゐる。幕末期に勤王僧として活躍した胤康《いんこう》が奉仕した禅寺である。曽木の精神風土も秋四郎の思想に影響を与へたであらう。

秋四郎の墓石

慈眼寺の胤康和尚の墓

まとめ

以上、菊池秋四郎の足跡について見て来た。

冒頭の西原和海によると、「一部の人たちの間には相当に関心が持たれ続けていた」といひ、「彼は〝謎の人物〟であった」といふが如くに、その交友関係や思想研究はもちろんのこと、業績についても緒に就いたばかりなのである。

そこで秋四郎の思想の一端を整理すると、『外人の見たる日本及日本青年』での主張を見ても明白なやうに、強硬な反米主義者であつて国粋主義者であつたこと。二六新報時代には反藩閥政治を主張したこと（長州閥に与した杉山茂丸を辛辣に批判）。また、「満蒙新国家の統制に就て」と「漢民族の満蒙移民制限と日鮮農耕移民奨励策」の長文レポートから、満州では五族協和の国造りと祭政一致国家の実現を目指して、日本人移民の積極推進を図つたこと。さらには、国内的には二度の国政選挙の落選を経て、反政党に傾き天皇親政を主張して昭和維新を説いたこと、などが挙げられるであらう。

このやうな秋四郎の活動と、アジア主義といふ政治性については、「侵略」といふ負のイメージで捉へられることが多いやうである。よつて、自由民権運動から国権主義者となつたとされる玄洋社の歩みも、夢野久作の「友人」たる秋四郎の事績も、その戦後風潮の枠から現状では抜け出せないでゐる。

一方、二十冊を超える書籍等を著したとされるが、この点についても問題が残つた。『玄洋社社史』を編修主任として発刊し、夢野久作に「友人」と呼ばれた男は、ジャーナリストとしても何本ものレポートを遺したのは事実である。しかしながら、二十余の書籍については、その大半が未確認であり、さらには作品名からは首を傾《かし》げたくなるやうなものも、秋四郎の書籍として掲げられてゐるのである。例へば、『江戸回顧録』（＝付録『江戸明細図』）

と『日蓮上人伝』は秋四郎の分野とはかけ離れてをり、現にこの二冊とタイトルが類似する書籍を執筆した人に、熊田葦城《いじょう》（宗次郎）がゐるのである。つまり葦城の『江戸懐古録』（大正七年・奠都記念会）と『日蓮上人』（大正九年・帝国教育学会）である。「秋城」と「葦城」を同一人物と誤解して、秋四郎の書籍に加へた可能性も拭ひ切れないのである（傍点筆者）。

ただ、『日蓮上人伝』については一考を要する。といふのも、菊池書院の僅かしかないと思はれる刊行物の一つに、雲嶺居士《うんれいこじ》の『日蓮は聖人か国賊か』といふ書籍があるからだ。この中で雲嶺居士は、「嗚呼日蓮は聖人に非ざりしなり。彼は真に●●《ママ》者なり。奸智に老けたる小人なりしなり。天下後世を誤る野心の権化なりしなり」と述べ、さらには、「彼れ日蓮は決して国家主義にあらず、寧ろ我国を呪詛せし●●●《ママ》なり。これを●●《ママ》と言はずして何ぞや」と罵つてゐる。つまり、この過激なる本を出版した秋四郎も、熱烈なる「反日蓮主義者」であつたと推測出来るのであつて、本人が『日蓮上人伝』を執筆した可能性なしとしないからである。

日蓮主義とは、国柱会の田中智学が唱へた国家主義運動（宗教運動）を総称したもので、その影響力は、満州事変を起こすこととなる石原莞爾が熱心な国柱会会員であつたことや、「血盟団事件」（昭和六年）の井上日召、「二・二六事件」（同十一年）の首魁とされる北一輝や西田税等も日蓮主義者であつたことによつて解る。相当に勇気ある発言といへ、作者の雲嶺居士が何者かといふ点を含めて今後の課題としたい。

さて、雲嶺居士の発言に引けをとらず、秋四郎の論考も激しさを増したやうである。大正七年十一月号の「時事一束」では、「進んで国体を顧慮せず我建国の大精神を解せず、徒に国民万能を絶叫するに至つては、断じて許す可らず」と説き、また「学術に名を籍り我国体の根本思想たる皇室中心主義を排せんとする者」の言論に対し、「峻厳の取締」りを行ふことまで提言してゐる。

この菊池一族の勤王精神を体現してゐるやうな秋四郎と、同じ愛国主義者でも、「民ヲ親ニス」とした杉山一族たる夢野久作の思想との微妙な距離感こそ、両者の「友人」たることの限界が生まれた背景ではなかつたのだらうか。

米良の桜──平泉澄博士と菊池武夫男爵

はじめに

平成二十五年四月初旬、筆者は宮崎県児湯郡西米良村に出かけた。昭和十四年四月八日にこの地を初めて訪れた国史学の権威、平泉澄博士の西米良村での動向を調査してみたいと思つたからである。

東九州自動車道の西都インターを下りて車を走らせること二時間余り、八分咲きの桜が山の斜面に突き出すやうに群生してゐる。博士は昭和十七年に「米良の櫻」(「週刊朝日」四月十九日号、後に『天兵に敵なし』至文堂所収)といふ小文を書いてゐるが、そのなかで「別に櫻の名所といふわけではありませんが、花の咲くころになると想ひ起します」と綴つてゐる。かつて博士もそれらの桜を愛でたであらうと想像しながら、山間の急峻な道に注意を払ひつつ進んで、漸く西米良村に到着した。

周知の通り平泉博士は、東京帝国大学教授として戦時下日本にあつては押しも押されもせぬ権威者であつた。その博士が、山深き西米良村まで何故に出かけたのか、実に興味深いところである。

そこで本論では、平泉博士の菊池一族への尊崇の念はもとより、西米良村への想ひの一端を、少しく紹介してみたいと思ふ。

西米良村訪問の目的

平泉博士を西米良村へと招いたのは、菊池武夫男爵（陸軍中将・貴族院議員）その人であつて、「建武の中興」の時代に武勲があつた菊池武時を祖先に持つ菊池一族の当主でもある。

菊池氏といへば肥後（熊本県）といふ印象が強いと思はれるが、足利全盛期となつた戦国時代に一旦は衰へた。しかし西米良村に秘かに入り四百年、勤王精神を代々護持して明治維新を迎へたといふから、その精神は筋金入りである。

昭和九年には、当時の中島久万吉商工大臣の執筆した「足利尊氏論」を厳しく批判し、大臣を辞職に追ひこんだ事で名を馳せた（十三年前に俳句同人誌に投稿した文章であつたが、『現代』に転載され問題化した）。また翌年には、美濃部達吉博士の「国家を法人と考へ統治権は国家に

菊池武夫　明治８年（1875）～昭和30年（1955）（写真提供：西米良村）

あり、天皇は総攬者として国家の最高機関で、憲法に従つて統治権を行使する」といふ「天皇機関説」を痛烈に批判した。美濃部博士は貴族院議員を辞職、その著書は発禁処分に追ひ込まれた。男爵は、戦時下日本を象徴する軍人で政治家でもあり、当代の権威者として重きをなしてゐたのである。

この男爵家は、昭和八年、南朝忠臣菊池武時公の歿後六百年（一三三三年逝去）の年回りを迎へてゐた。これを機に「菊池氏勤王顕彰会」といふ組織が立ち上げられたわけで、これを絶好の機会とすべく男爵は菊池家代々の武勇を纏めた書籍の刊行を思ひ立つた。この男爵の志に適ふ執筆者として名が挙がつたのが平泉博士であつたのだ。

陸軍と関係深い博士であつたので、直接に菊池男爵から依頼されたのであらう。小説家菊池寛も当時男爵から、「菊池武時の芝居」を書くやう依頼されたと記録してゐる（「文藝春秋」昭和十三年一月号「話の屑籠」）。菊池寛は薩摩の儒者菊池耕斎《こうさい》の流れを汲む菊池一族の門葉であ

菊池男爵の案内で駕籠道中の平泉博士
（『古里越野尾』より転載）

る。結局この芝居を書くことは出来なかつたが、この顕彰会が中心となつて、菊池一族の顕彰が着々と実施されたのである。

つまり博士の西米良村への出向は、昭和十六年三月に上梓された『菊池勤王史』執筆のための調査研究であつたことは明白である。

西米良村への道程

平泉博士はどのやうな道程にて西米良村に入つたのであらうか。

当時の交通手段を考へると、東京から大阪まで汽車で約八時間、そして大阪から宮崎までもほぼ一日かかつた。そして宮崎市に一泊の後、翌四月八日午前中に宮崎神宮に男爵と揃つて正式参拝してゐる（「宮崎神宮日誌」）。引き続き妻線で西都に向かひ、その後は山道を可能な所まで車で移動し、史蹟巡りは駕籠を使用したと推測される。といふのは、『古里越野尾』に駕籠に乗つた二人の写真が掲載され、また「宮崎新聞」（昭和十四年四月八日付）にも、「おかごに乗り勤王史蹟を巡歴――今泉翁案内の菊池男」（傍点筆者）とあるからである。

ところが、この「宮崎新聞」は当時神宮奉斎会長を務めてゐた今泉定助翁（皇道思想を説いた）と平泉博士の名前を取り違へて報じてしまつてゐる。今泉翁が来宮した記録などないし、当時七十五歳の翁に西米良の山道は余りにも過酷である。故に間違ひなくこの記事は誤植であるが、博士が駕籠を使つて史蹟巡りをするとの予定記事を留めてくれたことは有り難い。

到着した博士は、西米良村の地形について次の様に描写してゐる。「見上ぐれば高き山々に桜花爛漫と咲きみだれて香雲たなびくかと疑はれ、見おろせば碧潭遙かに澄んで両崖の断巌一刀に削り立ち、山河自然の美先づ我が目を驚かした」（『菊池勤王史』、以下断りを入れない限りにおいて、博士の文中引用は同書）といふ。

博士のいふやうに西米良村は険しい山間地の寒村であつて、その急峻な谷間に上流から澄み切つた水が流れ出し、斜面を開墾して作つたであらう田畑や家々がぽつりぽつりと立ち並ぶ。豊かな大自然に囲まれた村であるが、その地に出向くとなると容易なことではなかつた。

「明治維新の先駆者」と称される高山彦九郎も、寛政四年（一七九二）二月にこの地を訪れてゐる。その際に詠んだ歌は、「またこむと思へど遠き山の端八重立雲をいくゑ越なむ」といふものであつた。「遠き山」「いくゑ越なむ」といふ彦九郎の感慨からも、西米良村に足を踏み入れることの厳しさが伝はつてくる。博士にとつても、相当体力のゐる道程であつたことだけは間違ひなささうである。

児原《こばる》稲荷神社に参拝

入村した二人は、先づは児原稲荷神社にお参りしたと推測される。

といふのは、平泉博士が「先づ氏神に参詣して、御流れを頂戴し、陶然として御神楽に興ずる有様は、昔時領主の入部の状況そのまゝではないか」（傍点筆者）と、西米良村に入つた時の様子を克明に記録してゐるからである。

そして博士は神社で甲斐武教宮司（昭和四十年〜同五十八年まで宮崎神宮宮司）と面談し、児原稲荷神社の神官甲斐右膳《うぜん》とその子大蔵《おおくら》の勤王ぶりも聴取したであらう。

幕末期にあたり西米良村では、先祖代々守り続けてきた勤王の精神が彷彿と湧き上がつてゐた。領主米良則忠（当時は「米良」姓を名乗つた）は、甲斐右膳を上京せしめて、「祖先の遺志を継ぎ聊か寸忠を尽くし奉り度」と朝廷に願ひ出て許されたのであつた。

しかしながら事は未だ時期尚早で、いはゆる公武合体派の陰謀が功奏し七卿落ちとなつて立場は逆転してしまつたのである。遂に領主則忠は、人吉藩に幽閉の身となつて、右膳とその子大蔵等は捕縛され、哀れ甲斐父子は獄中死した。ちなみに、甲斐父子は甲斐宮司の曾祖父と大叔父にあたる。博士はその著書にも甲斐父子の勤王ぶりを記してゐる。

ところで、児原稲荷神社に参拝した博士と男爵は、二人並んでの写真を残してゐる（『古里

児原における菊池男爵と平泉博士
（『古里越野尾』より転載）

越野尾』に掲載)。

その写真の説明書きには、「菊池武夫公・平泉博士を児原に迎えて　昭和十四年四月」と書かれてゐる。セピア色の写真は、確かに博士が西米良村を訪れたことを示す貴重な記録である。

明治二十八年生れの博士は当時四十四歳、一方同八年生れの男爵は六十四歳であつた。いへば親子ほど歳の差がある二人であるが、写真からは聊か緊張した面持ちの博士と、郷土に戻りくつろいだ表情の男爵の姿が印象的である。

また全体写真も神社下で撮影されて、三十名ほどが写つた写真には、村長はじめ村の有力者達が勢揃ひしてゐる。村を挙げて博士を歓迎したであらう姿が偲ばれる。

博士の見た男爵と村人との紐帯

さて、西米良村滞在中に平泉博士は、菊池男爵の別邸を訪れてゐる。

この別邸とは、村人達が男爵の体調を気遣ふ思ひから造られた。つまり昭和三年に、男爵の別邸を建設することが村人によつて決められた。村人たちの熱意は昂まり、どうせ造るのなら旧領主の住まひに相応しい立派な家を造らうとなつて、工事費や材料は忽《たちま》ちに集まつたといふ。そして村人の出役奉仕によつて山の一角と畑を切り開き、遂に昭和八年七月に完成を見たのであつた。

この話を聞いた博士は、「旧領主と旧領民とのかくも美はしき結合は、三百諸候のいづこに之を見る事が出来ようか。菊池男爵と米良との関係は、幕府の政策によつて転々移封せられた藩に於いては、想像もつかざる強く深き愛情を以て、充たされてゐるのである」と綴つてゐる。

もとより博士の感動は、この別邸における接待だけではなかつた。

村人の駕籠による史蹟巡りはもちろんのこと、老若男女が揃つて遠く二里三里の外まで出て来て恭しく挨拶する姿を見て、昔の領主の入部がそのまま残されてゐると驚嘆もしてゐる。ちなみに、大正時代には、帰村した男爵を駕籠に乗せ有志たちが紋付袴で従つた。堂々とした男爵の軍服姿に村人たちは思はず土下座して迎へたといふ（『菊池武夫伝』）。

ところで、男爵がこの別邸を気に入り、如何に愛着を持つてゐたかは、A級戦犯を解除された後もこの屋敷に亡くなるまで住み続けた一事を見ても明らかだ（昭和三十年十二月一日逝去）。

この別邸には、平泉博士の他にも、東京帝室博物館の関保之助や平沼騏一郎元首相等も招待されてゐる。現在では「菊池記念館」として一般公開され、男爵の銅像も建てられてゐる。

村人達の男爵への接し方は戦前戦後を通じて変はらず一貫したものであつた。つまり博士の慧眼《けいがん》は、村人達の男爵への尊崇が決して権力によるものではなくて、心の底から湧き出た姿であつたことを見抜いてゐたのである。

花にもまさる日本美

平泉澄博士が西米良村に何日間滞在し、帰路は宮崎に戻つたのか、それとも熊本県へと向かつたのかさへも解らない(註)。ただ、今から七十五年前の戦時下に西米良村を訪れたことだけは確かである。その訪問時は昭和十四年四月八日のことで、二人の名声が全国に知れ渡つてゐる時代であつた。

平泉博士は、天皇国日本を説く宿命を菊池男爵に感じ、その巡り合はせの妙を驚嘆したに違ひない。故に、村民を慈しみ守り、国と天皇に対するその忠孝を貫いた菊池一族の生き方に尊崇の念を以て接したのである。そして西米良村を訪れた博士の眼前に満開の桜が出迎へてくれたのである。春爛漫の中、江戸時代を彷彿させる駕籠に乗つての史蹟巡りは、近代的な生活振りとは趣が異なるが、博士の目にはそんな些末《さまつ》な事実よりも、村人の男爵に対する振る舞ひにこそ、忘れられつつあつた「日本美」があると感動したのである。

博士はその感激を、『菊池勤王史』に一部綴つたが、それだけでは物足りなかつたのであらう。「米良の櫻」といふ小文にも書き留めた。

博士のいふ桜とは、もちろん西米良村で見た桜のことであるが、さらに踏み込んでいへば菊池一族そのものを指してゐる。美しくとも儚《はかな》い桜の花を菊池一族の勤王美に擬《なぞら》へて書いたのである。「純忠の至誠を以て貫き通して来た菊池主従の態度に、花にもまさる日本心の美しさを感ずるのであります」とは、博士が万感を込めて贈つた、菊池一族と村人達への讃辞であつた。

（註）後の調査にて熊本県菊池神社に向かつたことが判明した。菊池神社前宮司坂本杲氏によると、「平泉博士助手平田俊春氏（東大助手）菊池氏史蹟実地踏査の為本日午前十一時来社」と『菊池神社社務日誌』（昭和十四年四月十一日頃）に記されてゐるといふ。

第四章　神武天皇の「二千六百年」

紀元二千六百年奉祝事業の先駆者——君島清吉《きみじませいきち》の政治思想と功績

忘れられた知事

平成二十四年は、『古事記』編纂千三百年といふ節目の年を迎へてゐることもあり、関係県では行政を挙げて様々な企画を催し宣伝に取り組んでゐる。

周知の通り宮崎県は、天孫降臨の聖地とされ、天照大御神や初代・神武天皇にまつはる神話や旧蹟などが数多くあり、それらは各神社に伝はる神事や神楽などを通じて今日も脈々と生活の中に息づいてゐる。神話伝承を行政が観光誘致と結びつけて積極的に支援する構図は、宮崎県にあつては既に昭和初期には見られ、神武建国発祥の地として自県を「祖国」と称して大いに宣伝がなされたのである。

この時に活躍するのが第二十九代・相川勝六知事である。昭和十五年、紀元二千六百年宮崎県奉祝会の記念事業として「八紘之基柱《あめつちのもとはしら》」を建設した。また国に先駆けて宮崎県内の政党を解消し敏腕ぶりを発揮した。そして、祖国日向興隆の中核をなし、実践作業を生命とする「祖国振興隊」を結成、成果を挙げたため全国から手本とされた実績もある。

ところがこれに対し、神日本磐余彦天皇《かむやまといわれひこのすめらみこと》（初代・神武天皇）が日向美々津から大和に向かはれた年から二千六百年に相当する「神武天皇御東遷記念二千六百年祭」（昭和九年十月五日）の斎行に尽力した第二十七代・君島清吉知事については、県外はもとより県内においても殆ど知られてゐない。茨城県を皮切りに、香川県、宮崎県、群馬県、福島県、新潟県と、実に六県の官選知事を務めたにも拘らず、君島に関するまとまつた自伝や評伝と言つた著述が見あたらない。君島は宮崎県にあつても「忘れられた知事」といはねばならない。

そこで、君島清吉の経歴を整理しつつ、宮崎県知事時代に挙行した「神武天皇御東遷記念二千六百年祭」の成果も紹介しながら、君島清吉知事の功績とその政治思想の一端にも触れて見たい。

君島知事と新渡戸稲造《にとべいなぞう》

君島清吉については不明な点も多々あるが、『新編日本の歴代知事』に記載された略歴と、本人の著作等によつて、その人物像を知ることは可能である。

君島は明治二十二年（一八八九）栃木県に生まれてゐる。その後長じて「とある専門学校」に入学したといふ。学校名を明かせなかつたのはこの学校を退学して第一高等学校に再入学したためであつた。ところがその専門学校では、君島の学籍を容易に抜いてくれず、結果的に君島は「学籍重複」といふ厳しい立場に追ひやられてしまつた。

この窮地を救つてくれたのが当時の一高校長であつた新渡戸稲造で、新渡戸の裁断によつて、一度前校に復学後改めて翌年に一高に再入学する事で決着を見たのであつた。その後君島は東京帝国大学法科政治学科に入学するが、すると新渡戸は、君島の大学在籍中の保証人にもなつてゐる。また、新渡戸著『一日一言』の序文に、「然るにこの秋負傷して某所に湯治の際、思はずもある青年の痛ましい経験を聞いて、急に本書を綴ることを決心した」とあるが、この「青年」とは自分のことであると君島は『新渡戸博士追悼集』の中に記してゐる。このやうに二人の関係は深く、「新渡戸先生は崇高にして偉大なる存在」、「私にとつては熊野大権現様以上の永久の守護神」と心酔してゐる。

君島清吉知事
（明治22年栃木県生まれ。昭和８年６月23日から同10年１月15日まで宮崎県知事）

爾来その師弟関係は内務省社会局の官僚に就いた後も続き、大正十三年にはジュネーブで開かれた「第六回国際労働会議」に一ヶ月半派遣されたが、その折には新渡戸と寝食を共にしたといふ。当時、外遊出来る機会などさう多くあるはずもなく、内務省では出来るだけ多くの若手官吏を外務省予算で派遣したかつたといふのが実情であつた。

新渡戸については、前の五千円紙幣の図柄にも登場するほどに有名であり、明治三十三年に刊行された『武士道』は世界各国で翻訳されて今日においても読み続けられてゐる。熱心なキリスト教徒として知られ教育者としても著名であつた。ただ学生の前でイエスの名を唱へることはなく、キリスト教を学びたいといふ学生には旧友の内村鑑三を紹介してゐたといふ。

それればかりか、「神棚や仏壇で礼拝することは、目上の人に対する礼節を守る修養法」とし、また前掲『一日一言』では、明治天皇の詔勅や西郷隆盛、高山彦九郎、吉田松陰、日蓮上人、大塩平八郎など一一六の日本人と一二の外国人の金言や短歌などから一日訓をまとめるなどして、道徳的情操を通した日本人の人格的向上に努めた。君島が新渡戸に惹かれたのも将にその点にあつて、新渡戸のグローバルな見地から論ぜられる日本文化論に感服したのである。

ちなみに新渡戸門下からは、南原繁（東京帝国大学総長）、高木八尺（東京帝国大学教授）、矢内原忠雄（東京大学総長）、宇佐美毅（宮内庁長官）などが育つた。これらの弟子達に比して例外的な存在と自覚してゐたやうで、自分は「鈍才も鈍才、長年かゝつてやつと一高が卒業出来た」と綴つてゐる。

内務省社会派官僚

君島は大正六年に大学を卒業し内務官僚となつた。

内務省とは、戦前に日本の中核を担つた有力官庁で、敗戦後ＧＨＱの指令により廃止されたことは周知の通りである。内政と民政の中心となる行政機関で、警察、地方行政、選挙なども担当した。ただ巨大といふだけではなくて、全国都道府県知事の任命権も持ち、地方行政を通じて各省全般の所管事項にも間接的に影響力を持ち続けた。

内務省では奈良県配属となつた。大正八年に文官高等試験に合格すると、奈良県警視、国勢院書記官に任じられてゐる。また大正十一年十一月に社会局が内務省外局として拡充されると、同十三年には内務省社会局事務官、社会局書記官を経て、同十五年に労働部労務課長に就任してゐる。同部労政課長も兼務したといふ記事もあるが、「社会局労働部官僚一覧表」（『近代日本国家の労働統合』）にはその記述は見られない。

一方、『香川県会史』に「二十年間も内務省社会局に身を置き、その間、ストライキ、百姓一揆、など社会争議を一万件以上も取り扱ってきた」とあるので、奈良県警はじめ小作争議の取締りを担当してゐたと推測される。二十年の社会局勤務の期間に社会争議＝労働争議を一万件以上も取り扱つたといふが、当時の社会状況を鑑みれば強《あなが》ち誇張した数ともいへない。

君島が雑誌「青年」に寄稿した「最近に於ける小作争議」によると、大正九年に於いては四〇八件に過ぎなかつた争議が、同十年には一、六八〇件、同十一年には一、五七八件、そして同十二年には遂に二、〇〇〇件を突破してしまつたのである。この背景には小作人組合の誕生があることはいふまでもない。小作人の経済的利益の擁護、社会的地位の向上を目的として組織されたのであつて、『太平洋戦争下の労働運動』によると、昭和二年には四、五八二団体、組合員数三六五、三三二人にのぼつたのである。約二十年間の長きに亘り内務省社会局に籍を置き、労務課長も務めた君島は、まさに小作人争議の専門家として内務省内での地位を確立して行つたものと思はれる。

君島の労働組合に対する考へ方は、「実に社会正義の樹立と近代文化の発展に貢献する」、「労働者団体こそは、資本の攻勢に対峙し得る労働者の最後の陣営である」(「国体労働法制概論」)に明確に表現されてゐる。労働組合に一定の積極的役割を認め善導することが内務省社会局の方針であつて、労働者の統合を進めるべく新たな政策が模索されたのである。結果、昭和七年に官主導による「農業報告会」などの愛国農民団体が結成されると、組合数は大幅減少する。それらの官主導による組合統合は産業界にも及び、同十五年には「大日本産業報告会」が結成されるが、すると君島はその理事に就任してゐる。労働問題の基本を講じた『労働問題』、『労働問題教程』を出版し、内務省警察講習所講師の肩書きも持つた。内務省社会派官僚として活躍したのである。

「名知事」と謳はれた君島知事

君島清吉が六県の知事を務めたことは冒頭に触れた。

しかし最初の赴任地となつた茨城県では実力を発揮することが出来なかつた。これは五・一五事件が起こつたからで、茨城県出身の農本主義者・橘孝三郎を首謀とする愛郷塾生が青年将校と結び実力行動に出たことが明らかになると、果たせるかな、その詰め腹を切らされる形となつたのである。

その雪辱は次の赴任地香川県で果たされた。ここでの評価は頗《すこぶ》る高く、県首脳部をもつて、「本県ではかつて見ない名知事」といはしめてゐる。具体的には、あらゆる事務的折衝はもちろん、突発的な問題や長年の課題に対しても実に手際よく解決したといふ。また、「官憲による選挙干渉を防ぐために警察官の人事異動を行うなど、綱紀粛正にも力を入れた」とし、次に「政党に遠慮がなく……われわれは従来の『政党関係者は暴君』として恐怖を抱いていた習性を一掃して安心して仕事ができるようになった」とも指摘してゐる。

君島の政治スタンスは、当時「新官僚」とマスメディアから称された、内務省の革新派官僚の理念に近いものといへよう。その頃に君島が書いた「選挙組上の無産政党」を見ると、「我国の無産政党は、近頃少々、あきられ気味なのである。実は政党政治そのものがすでに国民の関心を持たなくなつて来た……所謂民主主義なるものの、そろそろ幕を引いても可《よ》いといはれる頃」云々とある。反政党と書いたからといつて、当時の社会状況から見て何も怪しむべきことではない。政党政治家への不満と政治不信は今や最高潮に達し、国内の変革維新の機運はいよいよ激しさを増しつつあつたのである。

さらに群馬県知事時代の実績として『上毛古墳綜覧』は、古墳分布の大要を一斉に調査させ、「崇祖精神の高揚を期し併せて古墳尊重、史蹟愛護心の涵養を図った」と記してゐる。「群馬誤導事件」(昭和九年十一月、昭和天皇の群馬県下行幸中に起きた先導警察官の誤導事件)で意気消沈してゐた県民の奮起を促したものであつた。また香川県では趣味として俳句を詠んだといふから、古代史に通じた俳人の一面さへも覗かせてゐる。

これらの他にも福島県知事を去る際には、「豪放磊落を以て鳴つた前長官君島清吉氏は、稀に見る敬神家であり、恩情家であつた。……土木に造詣深く、土木長官としては、全国屈指の花形」と、和泉生が『道路の改良』に記してゐる。「豪放磊落」で「土木長官」といふ記事からは、前記の法律に詳しい緻密なイメージだけではない人物像も浮かび上がつて来る。内務省は土木局も所管としてゐたので、あるいは君島知事も土木局に配属された時期があつたのかも知れないが、長官を務めた記録は「歴代内務本省・地方庁幹部一覧」(『内務省史』)にはない。

そして最後は辛い赴任となつた。前任の新潟県知事・中村安次郎の急死に伴ふ異動であつたが、中村は君島の一高、東京帝国大学時代からの友人であつたのだ。着任の際に君島は、「仏に招かれたかっこうだ」と語つてゐる。在任期間は僅か七ヶ月ほどであつたが、本人も最後のご奉公といふ意識があつたのかも知れない。新潟県では、「穏やかな人間味をみせた」とある。

「神武天皇御東遷記念二千六百年祭」の斎行

君島清吉が宮崎県知事に着任したのは、昭和八年六月二十三日のことであつた。

「神武天皇御東遷記念二千六百年祭」
昭和９年10月５日於宮崎神宮（写真提供：都農神社）

君島知事の時代に実現した事業は、宮崎県物産東京販売斡旋所を東京丸の内に開設したことや、霧島国立公園が昭和九年三月十六日を以て正式に指定されたことなどが挙げられる。なかでも、「祖国日向産業博覧会」（昭和八年三月十七日～五月一日）の発展事業ともいへる、昭和九年十月五日の「神武天皇御東遷記念二千六百年祭」の斎行、並びに、昭和十年十一月に挙行された昭和天皇のご統監もあつた「陸軍特別大演習」の業務は特筆すべきであらう。ただ後者の大演習挙行は、準備はしたものの本番では後任知事・三島誠也に替はるので、一番の功績は、必然にして神武天皇御東遷記念二千六百年祭の斎行といふことになる。

この祭典とは、初代・神武天皇が日向美々

津から大和橿原に向かはれた所謂「神武ご東征」から二千六百年に相当するとして宮崎県から提唱された事業で、昭和八年十二月二十九日に開かれた「宮崎倶楽部例会」での新原貞次郎少将の発言を嚆矢《こうし》とする。昭和十五年に国を挙げて実施された紀元二千六百年奉祝事業とは別で、全国的には殆ど知られてゐない。

皇宮《こうぐう》神社（宮崎市・下北方）

「聖蹟《せいせき》皇宮屋《こぐや》碑《ひ》」（皇宮神社境内）

君島知事は、昭和九年一月十三日付で宮崎県庁内に臨時の「祖国顕彰部」を設置せしめ、坂井貞一学務部長を兼務させてゐる。そして三月には、「神武天皇御東遷記念二千六百年祭全国協賛会」(会長・松平頼壽)を設立、自らは副会長と理事長の要職を兼務して政府との交渉にあたつたのである。また九月九日には、かねて宮内省に申請中であつた秩父宮雍仁親王殿《ちちぶのみややすひとしんのう》下の全国協賛会総裁ご就任の件がご裁可となつて、十月五日の大祭にもご参列を賜つてゐる。このやうに短い準備期間ではあつたが、実に効率よく政府と折衝した。君島知事が先頭に立つて推進したことが一地域事業を曲がりなりにも全国的規模へと押し上げたのである。二千六百年祭など七つの事業と、さらに宮崎神宮摂社・皇宮《こうぐう》神社や御船出の地とされる美々津・立磐《たていわ》神社の境内など、聖蹟整備は県内十三カ所に及んだ。そして、国内外から合計十七万九千四百十円九十銭の募財が寄せられたのであつた。

ところで、奉祝事業選定を巡つては、西諸県郡高原町の皇子原《おおじばる》のみを顕彰地としたために、天孫降臨の聖地といふ自負がある西臼杵郡高千穂町民がこの県の決定に猛反発する問題が生じた。結果、高千穂の四皇子峯も追加されたが、今度は建設された碑文の「地方民に伝へて」との表現に地元青年が激高、宮崎県庁に押しかける騒ぎとなつた。当日は神武天皇御東遷記念二千六百年祭のご台臨のため秩父宮殿下が来宮中で、青年達は殿下に直接談判すると息巻いたのである。

すると君島知事は青年達を警察部長室に軟禁、しかし碑文を「世々伝へて」と書き直すと約束し、アメとムチを使つた解決策を採つた。労働争議を一万件以上取り扱つて来た君島にとつては、お手の物だつたのかも知れない。岡田啓介内閣が発足すると慣例の人事異動が実施されたが、宮崎県会は、後藤文夫内務大臣宛に君島知事の留任を求める「懇請電報」を発し、その慰留に努めたのであつた。

君島清吉と相川勝六

昭和十五年の紀元二千六百年奉祝事業の立役者となつた相川勝六と君島清吉とのつながりについても触れておかねばならない。

相川知事は、明治二十四年佐賀県生まれで君島の二歳年少者であつた。ただそれぞれ専門学校を退学して東京帝国大学に進んだものの、文官高等試験に合格したのは大正八年と両者同じであつた。その後相川は内務省警保官僚に君島は社会派官僚として活躍するのだが、地方長官に就任したのは君島が六年半も早い。君島が香川県や宮崎県の知事として活躍してゐた頃、相川は神奈川県警察部長の要職にあつて「党弊《とうへい》」打破を実践、新官僚と自称し熱烈な敬神家とされたのである。

その過程に於いて、安岡正篤が主宰した新官僚の出身母体ともいへる「金鶏学院《きんけい》」の周辺に二人の名が見られるのは興味深い。金鶏学院とは日本改造の原動力となる人材を育成すべく結成された私塾で、後には「官僚ファッショ」と揶揄されて自主解散する「国威会《こくいかい》」の母体組織として知られてゐる。

メンバーには後の首相・近衛文麿や新官僚の中心的存在として著名な後の内務大臣・後藤文夫、厚生大臣・吉田茂（首相の吉田茂とは別人）、警保局長・松本学などがゐたことで知られてゐる。吉田は昭和四年八月に、松本は同六年七月に社会局長官に就任してゐるので、その

「相川勝六先生像」（宮崎市「平和台」）
相川勝六　明治20年（1891）～昭和48年（1973）　第29代宮崎県知事

下で君島は課長職に従事したといふことになる。ちなみに吉田について、戦後社会党委員長を務めた勝間田清一が、「吉田先生の一生を貫いている大きな問題は何といっても神社関係あるいは神道関係と思うわけです」と述べてゐるほどに敬神家として有名であつた。戦後は神道思想家・葦津珍彦等と共に神社本庁の設立に関与し、神社本庁事務総長も務めた。

さて、このやうに君島と相川の両者に接点は多くはないが、同年代に内務省に勤務し、政党政治に批判的で敬神の念も篤いなど思想的には共通した点も見られ、同じやうな歩みであつたともいへる。ところが、同じ神武天皇を顕彰し、同趣旨の紀元二千六百年奉祝事業を挙行したにも拘はらず、相川に比して君島の存在が薄いのは何故なのだらうか。

その理由は、相川知事が考案した「八紘之基柱」の存在が大きいと思はれる。さらに相川は戦後宮崎選挙区から衆議院議員に八回当選してをり、宮崎県の戦後発展にも尽力した。これに対して君島知事の任期は、僅か二年にも満たない短期のもので、その後の宮崎県とのつながりも見あたらない。昭和二十六年には、出身地である栃木県から公選制の知事選挙に無所属で立候補したが僅差で落選、昭和四十一年に七十七歳で死去してゐる。

今や君島知事と宮崎県とのつながりは忘却の彼方に追ひやられさうであるが、宮崎市内の皇宮神社境内に立つてゐる「聖蹟皇宮屋」碑や「田中智学碑」の裏面文、また県内各地に点在する記念碑が、紀元二千六百年事業の先駆者としての君島の名を宮崎の地に留めた。それは相川の「八紘之基柱」とは比べようもない石碑ではあるものの、君島の実施した神武天皇御東遷記念二千六百年祭の評価を今日に伝へるべく静かに神社境内一角に佇んでゐる。

「祖国日向」の基盤を作る

君島清吉宮崎県知事の功績とその政治思想を、残された遺稿や『新編日本の歴代知事』にある業績記事などを摘記《てっき》しながら述べて来た。

新渡戸稲造の薫陶を受けて育ち、内務省社会派官僚として小作争議の取締りに尽力して、さらに地方長官として六県の知事を務めるなど活躍した。とりわけ宮崎県知事時代には、神武天皇御東遷記念二千六百年祭を斎行、一地域の神話事象に伴ふ顕彰事業を国の事業に絡めて組織化して実現させたのは大きな功績であつた。

この功績の背景にあつた社会状況を理解することが君島の手腕理解ともならう。

昭和八年の祖国日向博覧会から始まる神武建国の聖地PRは、愛国精神の発揚を説くもので、軍部や民間思想家達の説く昭和維新の原点回帰思想にも合致し、さらにそれは観光誘致と郷土愛にもつながつた。この大祭が如何に宮崎に活気をもたらしたかは『宮崎市史』の次の記事を見れば明らかである。宮崎市では各種の会合や行事が数多く催され、「全国各地から蝟集《いしゅう》した人の群れで連日街頭は賑いをみせた」といふ。また、「全国規模の大計画を通じて『皇祖発祥の聖地』としての宮崎の名声は広く宣伝せられることになった」といふのである。

つまり、君島の神武天皇御東遷二千六百年記念祭は、革新意識が席捲《せっけん》する当時の社会状況の中にあつて、最も社会風潮に合致した事業であつて、この積極推進によつて派生する優越感と観光集客の「うまみ」を宮崎県民は覚えてしまつたのである。

ここに、昭和十五年の紀元二千六百年奉祝事業における相川勝六知事の活躍舞台が用意されたのであつて、「祖国日向」の精神基盤は、宮崎県民の自発的な強い地域主義を伴ひながら、さらに強化されて行くのである。

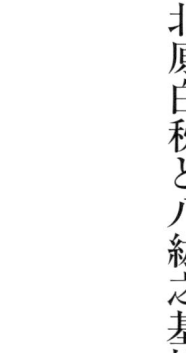

北原白秋と八紘之基柱

早稲田の三水

早稲田の「三水」
左から北原射水、中林蘇水、若山牧水
（『近代日本の詩聖　北原白秋』より転載）

北原白秋は日本を代表する詩人であり歌人である。童謡、民謡等にもその才能を如何なく発揮し優れた作品を数多く残してゐる。中でも詩集『邪宗門』、歌集『桐の花』は代表作で、官能的で耽美《たんび》的な作風で知られてゐる。

白秋は明治十八年（一八八五）熊本県の南関で生まれた。まもなく実家のある福岡県沖端（現・柳川市）に戻り、県立伝習館中学に進むも落第。さらにはこの頃より詩歌に熱中し

高千穂真名井の白秋碑（左：昭和24年11月建立）と牧水碑（右：昭和38年４月建立）

て遂には父に無断で退学し、早稲田大学英文科予科に入学したといふから、その破天荒ぶりが想像される。早稲田では北原射水と号し、若山牧水、中林蘇水と共に「早稲田の三水」と謂はれるほどに一躍新進の詩人として名を馳せた。同窓には、後に哲学者・衆議院議員となる北昤吉《れいきち》、社会主義思想に傾倒し、大逆事件の際には管野《かんの》スガの遺体を引き受けたことでも知られる安成貞雄、小説家・翻訳家として業績のある佐藤緑葉、戦後早稲田大学で上代文学を講じた土岐善麿など優秀な人材が名を連ねてゐる。

殊に宮崎県が生んだ日本を代表する歌人・若山牧水とは、同じ九州出身といふこともあり下宿を共にした仲であつたといふ。牧水の日記（明治三十七年九月二十三日付）には、「夕方、北原君と関口より戸山が原あたりさまよふ。夜、歌のはなし初めて興に入りぬ。君はわが詩兄なり」とある。

その二人の親交を彷彿させる歌碑を高千穂町真名井に見ることができる。牧水碑には「幾山河越えさりゆかば寂しさのはてなむ国ぞけふも旅ゆく」といふ代表作が刻まれてゐる。一方白秋碑には、「ひく水に麻のをひてて月まつは清き河原の天地根元作りの家」とある。昭和十六年三月二十九日に高千穂を訪れた際に詠んだ歌で、同行した弟子・木俣修の処女歌集「高志」の序歌として贈つたものといふ。

このやうに、宮崎県を題材にしたものも散見されるが、その中で筆者が着目したのは、現在も平和台公園にそびえ立つ「平和の塔」（八紘之基柱）を詠んだ頌歌である。

頌歌　八紘之基柱

「頌歌　八紘之基柱」は前文と九節からなる大作である。「頌歌《しょうか》」とは、褒め称へる歌、賛歌のことである。北原白秋がこの作品を発表したのは、昭和十六年十月一日発行の「日本評論」といふ雑誌であつた。今日においてあまり知られてはゐないが、『北原白秋全集』にも収められてゐる力作である。先づは作品から紹介しておかう。

頌歌　八紘之基柱

八紘之基柱は、紀元二千六百年慶典記念として、皇国無窮の大理想を永遠に造形し、亦一億同胞の感激と赤心をも象徴するものである。而も神国日向、皇祖御発祥の聖地、神武天皇御東征前の宮趾と伝へられる皇居屋の北、海抜二百尺の丘上八紘の台に建つ。総高百三十尺、荘厳無比である。日名子実三氏の設計にかかる。

天《てん》に聳《そび》ゆる基柱《もとはしら》、
い行《ゆ》きはばかる白雲《しらくも》の、夜《よ》はほのぼのの裏標《うらはなだ》。
仰《あふ》げや今《いま》に鎮《しづ》もらず我《わ》が肇国《はつくに》の遼《はる》けさを。
仰《あふ》げや今《いま》に鎮《しづ》もらず我《わ》が肇国《はつくに》の遼《はる》けさを。

天《てん》に聳《そび》ゆる基柱《もとはしら》、
厳《いつ》の石位《いはくら》ここにして崇《たか》く神《かみ》さぶま清《さや》けさ、
げに一柱《ひとはしら》、幣《みてぐら》の霊《くし》ふる直《なほ》きその相《すがた》。
げに一柱《ひとはしら》、幣《みてぐら》の霊《くし》ふる直《なほ》きその相《すがた》。

天《てん》に聳《そび》ゆる基柱《もとはしら》、
直射《ひたさ》す朝日《あさひ》常受《つねう》けて、夕日《ゆうひ》の日照《ひて》る国《くに》、日向《ひむか》。
御祖《みおや》の御稜威神《みいづかん》ながらかくこそ坐《ま》しき畏《かしこ》くも。
御祖《みおや》の御稜威神《みいづかん》ながらかくこそ坐《ま》しき畏《かしこ》くも。

天《てん》に聳《そび》ゆる基柱《もとはしら》、
皇宮屋《こぐや》に永《なが》く高領《たかし》らし、暉《かがやき》まさるみ慶《めぐみ》と、
正《ただ》しき足《た》らし養《やしな》ひて在《あ》り経《へ》ましたる跡《あと》どころ。
正《ただ》しき足《た》らし養《やしな》ひて在《あ》り経《へ》ましたる跡《あと》どころ。

天《てん》に聳《そび》ゆる基柱《もとはしら》、
出《い》で立《た》ちまし天皇《すめらぎ》のかの海道《うみづち》の水脈《みを》にして、
げに見《み》はるかす潮漚《しおなわ》の末《すゑ》は煙《けぶ》らふ和田《わた》の原《はら》。
げに見《み》はるかす潮漚《しおなわ》の末《すゑ》は煙《けぶ》らふ和田《わた》の原《はら》。

天《てん》に聳《そび》ゆる基柱《もとはしら》、
ああ八紘《あめのした》おほらかに宇《いへ》と掩《おほ》はむ大御言《おおみこと》
さながら承《う》けむ大《おほ》やまと、また天地《あめつち》と窮《きは》みなく。
さながら承《う》けむ大《おほ》やまと、また天地《あめつち》と窮《きは》みなく。

天《てん》に聳《そび》ゆる基柱《もとはしら》、
挙《あ》げてぞ築《きづ》く国民《くにたみ》の産《むす》ぶ御魂《みたま》の磐城《いはしろ》や
柏手《かしはで》うてば直《ま》正面《おもて》にひびく反響《こだま》のかの鉄扉《かなど》。
柏手《かしはで》うてば直《ま》正面《おもて》にひびく反響《こだま》のかの鉄扉《かなど》。

天《てん》に聳《そび》ゆる基柱《もとはしら》、
篝火《かがりび》映ゆる玉垣《たまがき》の四方《よも》の瑞垣《みづがき》とこしへに、
太《ふと》しく立《た》たせ、ゆるぎなき底《そこ》つ岩根《いはね》を礎《いしずゑ》と。
太《ふと》しく立《た》たせ、ゆるぎなき底《そこ》つ岩根《いはね》を礎《いしずゑ》と。

天《てん》に聳《そび》ゆる基柱《もとはしら》、

茜《あかね》たなびく旗雲《はたぐも》の、今《いま》、日《ひ》に向《むか》ふ朝《あさ》ぼらけ、
仰《あふ》げやいよよ高照《たかて》らす天業《あまつひつぎ》の弥栄《いやさか》を。
仰《あふ》げやいよよ高照《たかて》らす天業《あまつひつぎ》の弥栄《いやさか》を。

白秋は塔をどのやうに捉へたか

北原白秋はこの「頌歌　八紘之基柱」を作成するにあたつて塔の細部に至るまで観察してゐたことが窺へる。

例へば、二節の「げに一柱《ひとはしら》、幣《みてぐら》の霊《くし》ふる直《なほ》きその相《すがた》」といふ表現を見ても明らかなやうに、白秋は塔が御幣《ごへい》の形をしてゐることをしつかりと歌に詠み込んでゐる。御幣とは、元々は二本の紙垂を竹または木に挟んで神さまに捧げる幣帛《へいはく》のことであつたが、後には社殿に据ゑ置く神の依代《よりしろ》とされ、参拝者に対する祓具《はらえぐ》として今日も用ひられてゐる。八紘之基柱を考案した相川勝六宮崎県知事は、「基柱は罪穢《つみけがれ》を祓ふ御幣なのです。この国民の総力による御幣を以て吾々自分の罪穢を祓ひ、日本の罪穢を祓ひ、支那の罪穢を祓ひ、世界の罪穢を祓ひ、真に八紘一宇の正しき平和を確立する。之れ即ち建国の大理想実現のため御幣のかたちを採つた所以であります」と書いてゐる。また設計にあたつた彫刻家の日名子実三《ひなごじつぞう》も、宮崎神宮

に詣でた際に受けたインスピレーションが塔の形に影響してゐると書き残してゐる。つまり考案者相川も設計者の日名子も塔の全容については、塔の思想性を象徴するものでもあり最も神経を使つて完成させたものである。白秋はその思ひを十分に斟酌《しんしゃく》したのであつた。

また七節では、「柏手《かしはで》うてば直正面《まおもて》にひびく反響《こだま》のかの鉄扉《かなど》」と詠んでゐる。塔正面階下に五十センチ四方の石台が設置してあるが、そこで柏手を打つとその音が四方に反響する仕掛けが施されてある。白秋もそこで拝礼したのであらうか。事実この塔に手を合はせて拝礼する県民も少なくなかつた。塔の前には二円から三円の賽銭が毎日投げられ、已む無く筵《むしろ》を

八紘之基柱《あめつちのもとはしら》・「平和の塔」

宮崎神宮の北方２キロの丘陵にあり、紀元2600年（昭和15）を奉祝して宮崎県が建築したもの。世界中から1789個の石材が寄せられた。考案者は当時の宮崎県知事・相川勝六、設計は彫刻家・日名子実三である。塔の正面には秩父宮雍仁親王のご親筆「八紘一宇」が刻まれてゐる。

敷いて対応したとのエピソードも残つてゐる。そしてその柏手の響きを正面で受け止めて反響させるのが「鉄扉」とならう。戦時下で物資が不足してゐたため、県民が供出した家庭にある蚊帳の吊り手や箪笥《たんす》の把手《はしゅ》などの銅製品を新たに鋳直《いなお》したものが、この扉には使用されてゐる。この白秋の「柏手うてば」といふ描写によつて、塔が単なるモニュメントではなくて、祈りの対象ともなる聖柱であるといふことが、印象付けられるのである。

加へて「皇宮屋《こぐや》に永《なが》く高領《たかし》らし」(四節)、「出《い》で立《た》ちましし天皇《すめらぎ》のかの海道《うみづち》の水脈《みを》にして」(五節)とし、神武天皇宮崎の宮の跡地と顕彰される皇宮神社(宮崎神宮摂社)、神武天皇ご東征の苦難の歩みも壮大に詠みあげたのであつた。

一方四節では、「正《ただ》しき足《た》らし養《やしな》ひて」(「養正」)、さらに六節では、「八紘《あめのした》おほらかに宇《いへ》と掩《おほ》はむ」(「八紘一宇」)にも触れるなど、白秋は重要な真理を実に適切に詠み込んでゐることがわかる。加へて「暉《かがやき》まさるみ慶《めぐみ》と」(四節)からは、「重暉」「積慶」を彷彿させるものがある。このやうに白秋は、塔の情景や造形を単に描写したのではなくて、神武天皇ご即位二年前に発せられた「即位建都之正詔」の中のお言葉、つまり我国の建国にあたつて発せられた宣言を配することで、この塔が、「皇国無窮の大理想を永遠に造形し、又一億同胞の感激と赤心をも象徴するもの」(頌歌前文)であることを表現したのである。

「頌歌　八紘之基柱」の構成

「頌歌　八紘之基柱」は九節から構成されてゐるが、「夜《よ》はほのぼのの裏標《うらはなだ》」（一節）といふやうに、最初の塔の描写が「夜」から始まつてゐる点は注目される。

実際に塔で斎行された祭典は夜のものが多かつた。塔が完成したのは昭和十五年十一月二十五日のことであつたが、その前日の二十四日には「奉安式」が斎行されてゐる。塔の正面には昭和天皇の弟宮・秩父宮雍仁親王殿下のご親筆「八紘一宇」の文字が刻印されてゐるが、その「御染筆《せんぴつ》」を塔内の厳室と呼ばれる祭壇に納める儀式が「奉安式」であつた。

その模様を当時の「大阪毎日新聞」から抜粋すると、概ね次のやうな流れで斎行されたやうである。

二十四日午後五時、秩父宮御使今村別当、長谷川透知事、奉祝会員、中等学校代表者ら五百名が宮崎神宮に参列して「修祓の儀」などを行ひ、その後、宮崎神宮の神職が火切石でおこした聖火を十六本の松明《たいまつ》に移す「分火の儀」が行はれた。五時三十分宮崎神宮を出発し、六時に八紘之基柱に到着。その聖火が塔の四隅に設置された大篝《かがりび》火台に点火され、皇居遥拝した。河合繁樹宮司によつて厳室《いつむろ》内のお祓ひが行はれ、一同最敬礼のなか長谷川知事が秩父宮の「八紘一宇」の御染筆を恭《うやうや》しく祭壇に納め儀式を終へたといふ。

また、昭和十六年から同十九年までの間、塔の建設記念日となつた十一月二十五日に斎行された「八紘祭」は、毎年夜に斎行された。塔の荘厳さをさらに引き立てるのは、篝火が焚かれた夜であつて、その聖火によつて照らし出された塔の全容は、白秋が表現したやうな「縹」の色に見えたのであらう。荘厳で幽玄美《ゆうげんび》の世界となつて宮崎県民を魅了したに違ひない。

そして夜から始まつた頌歌は、「茜《あかね》たなびく旗雲《はたぐも》の、今《いま》、日《ひ》に向《むか》ふ朝《あさ》ぼらけ」（九節）といふやうに、朝日がおぼろげながら見えて来る早朝の塔の描写で纏められてゐる。

この描写から真つ先に浮かぶのは、天照大御神《あまてらすおおみかみ》の「天岩戸開き」の神話である。天照大御神の弟君・須佐之男命《すさのおのみこと》の乱暴を嘆かれた大御神は天石屋戸《あまのいわやど》にお隠れになつて戸を閉ぢてしまふ。すると高天原も葦原中国《あしはらのなかつくに》も光を失ひ真つ暗闇となつて災ひが頻発してしまふ。ここに八百万の神々は知恵を出し合ひお祭りを斎行して、天岩屋戸から大御神にお出ましになつていただく。桎梏の闇に閉ざされてゐた聖なる柱は、皇室の祖先神・天照大御神の「天岩戸開き」の神話のやうに、大御神のお出ましによる太陽の再生と復活によつて、その祓への威力を発揮するかのやうな描写である。

このやうに大和言葉で綴られ、七五調で整へられた歌は、夜から始まり日の出の朝で結ぶことによつて、悠久の時の流れが表現されてゐる。それは引き継がれて行く生活の営みや、弥継ぎ継ぎに天照大御神から初代神武天皇を経て歴代天皇へとつながつて行く日本の国柄と一致してゐる。白秋が結びにあたつて詠んだ「仰《あふ》げやいよよ高照《たかて》らす天業《あまつひつぎ》の弥栄《いやさか》を」には、天皇の弥栄《いやさか》を祈ることが国の繁栄を祈ることと同一であつた時代の響きがある。

八紘之基柱が詠まれた背景

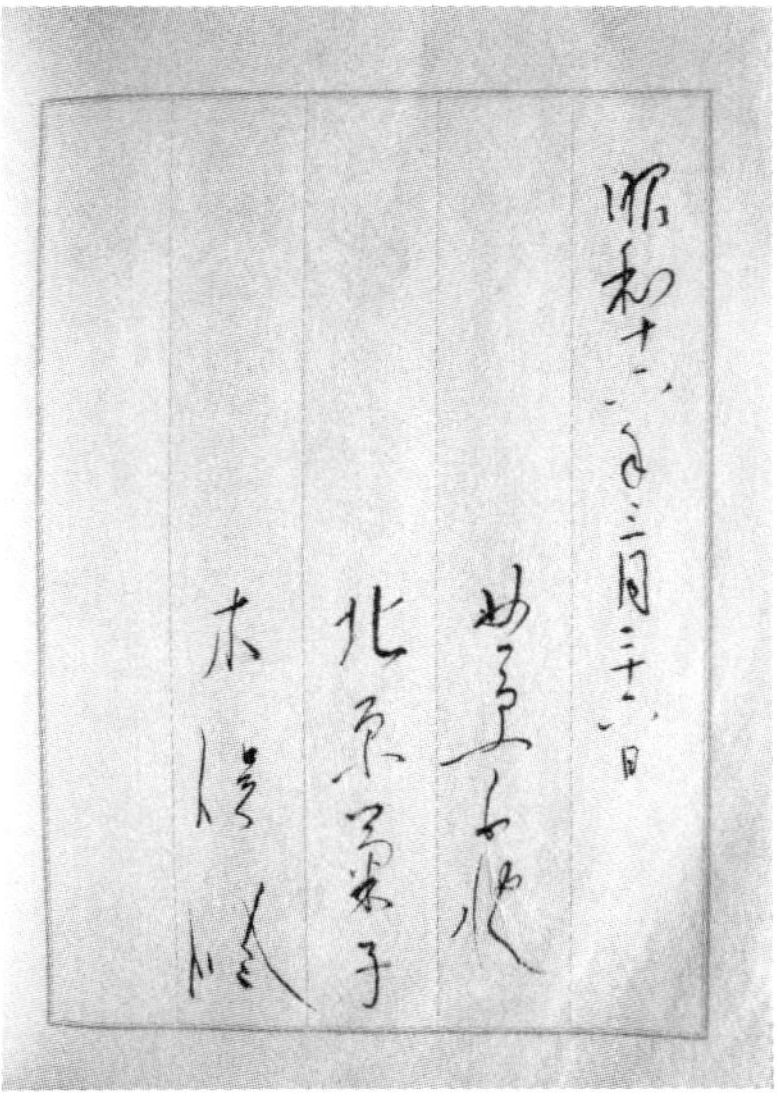
宮崎神宮に正式参拝した際の記帳
（昭和16年３月26日）

北原白秋が来宮したのは昭和十六年三月二十六日のことで、宮崎バス会社提供の大型タクシーに乗つて、神武天皇にまつはる地を巡り神社や施設を訪問したのであつた。

『宮崎市史年表』によると、三月二十六日と同三十一日に「北原白秋一行五人が来宮した」とある。また「日向日日新聞」（三月二十八日付夕刊）

には、白秋のスケジュールが掲載されてゐる。これを見ると、「来県中の北原白秋氏は狭野神社皇子原、宮崎神宮、皇宮屋、鵜戸神宮。八紘台等の参拝視察をおへ二十七日は西都原、都農神社、美々津を巡歴同夜は美々津の拝光寮に宿泊」とあり、三月二十六日に八紘之基柱を視察したことがわかる。宮崎神宮に正式参拝したことは当時の社務日誌や記帳によつて確認できる。

相当にハードな行程をこなしてゐることからプライベートの旅行でなかつたことは明白であるが、この一行に加はつた木俣修によると、宮崎県観光協会の招致であつたといふ。ただ宮崎県立病院エックス線技師であつた赤間与三次の「日向の聖跡巡歴の北原白秋」によると、白秋を迎へて「詩に歌に聖地を読んで戴いたらこれ以上のことはないと河野氏に話してゐた」(※河野氏とは河野桐谷《こうのとうこく》。六節参照)とのことで、白秋招致に向けた事前の働きかけが存在したことがわかる。

当時、国民的詩人の白秋に創作してもらふことは大変名誉なことであつたに違ひない。それ故に各地では白秋を歓迎し、事蹟の説明に余念がなかつたわけであるが、ただ白秋は全ての地に作品を残してゐるわけではない。白秋は何故にこの頌歌を詠んだのであらうか。数ある施設等のなかでこの塔が選ばれたのは興味深いところである。

先づ思料すべきは時代背景であらう。周知の通り昭和十五年は、神武天皇がご即位されて

祖国振興隊などの勤労奉仕によって塔は完成された

より紀元二千六百年の節目の年であり、国を挙げて神武建国を祝ふ奉祝事業が全国的に開催された。宮崎県は神武天皇ご生誕の地でもあり、殊さらに奈良県と並んで熱意を持つて奉祝事業に取り組んだ。宮崎神宮の境内拡張等を柱とする事業が決定すると、その勢ひは県内での奉祝事業へと向けられた。昭和十三年十月には「紀元二千六百年宮崎県奉祝会」が組織され、その第一眼目として八紘之基柱建設が相川勝六知事によつて考案された。そして祖国振興隊などの勤労奉仕によつて塔は僅か一年半ほどの日程で完成を見た（昭和十五年十一月二十五日）。白秋が宮崎を訪問したのは塔完成から僅か四ヶ月後の事であり、著名な白秋に塔を詠んでもらふ意味は、観光を主立つた経済の柱の一つにしてゐた宮崎県にあつては、「建国発祥の地」をアピールする上にも格好の材料となり得たのである。

また塔の正面に刻印された「八紘一宇」の文字も白秋の興味を引いたに違ひない。その点は、白秋自身が「ああ八紘《あめのした》おほらかに宇《いへ》と掩《おほ》はむ大御言《おおみこと》」（六節）と詠んでゐることを見ても明らかであらう。

「八紘一宇」は神武天皇建国二年前に発せられた「六合《くにのうち》ヲ兼ネテ以テ都ヲ開キ、八紘《あめのした》ヲ掩《おほ》ヒテ宇《いえ》トセムコト、又可《またよ》カラズヤ」（「即位建都之正詔」）を原典としてゐる。これを「八紘一宇」と造語したのは日蓮宗在家教壇・国柱会《こくちゅうかい》の田中智学《ちがく》で、大正二年の「国柱新聞」に記事は見られる。白秋が来宮した昭和十六年頃には全国的に一般化してゐた用語であつた。

白秋と田中智学

北原白秋と国柱会・田中智学との交流についても触れておかう。

白秋は生涯三度結婚してゐるが、その最後の妻・佐藤菊子は国柱会会員でもあり智学の側近として働いた人であつた。白秋は「陽春逆年譜」の「千九百二十一年」の項に、「四月二十八日、菊子と結婚。式は新築の洋館で挙げることにする。木兎の家の前には紅白の二本の牡丹が大きく深く輝いて、しかも人かげの来る度に、明るく豊かに揺れる。揺れる。花嫁が来た。」と書き残してゐる。

その愛妻との縁は信仰のつながりともなつたのであらうか。大正十三年一月五日には、智学の招きで白秋の両親、妻・菊子、長男・隆太郎らと共に、智学の最勝閣を訪れ、龍華寺、羽衣の松などを観光、長歌一首、短歌一七二首を詠んでゐる。その際の白秋から智学宛に出された礼状が残されてゐる。「朝夕尊顔を仰ぎ」「荘厳なる御式を拝し候上両親の歓喜を子としてのくわんぎといたし得候こと何とも忝く奉存候」(大正十三年一月十四日付)とある。両親は歓喜したといふ。当時日蓮の人格と教義をして「日本精神の根本的な宗教化が必要である」としたり、「国家主義・国民精神発揚の一先覚」とする日蓮主義が流行し、大きな影響力と大衆への拡がりを持つやうになつてゐた。これを以て白秋が日蓮を信仰してゐたとはいへないが(白秋の葬儀は神式)、両親や弟の鉄雄は後に日蓮正宗に帰依《きえ》したといふ。

ちなみに八紘之基柱を設計した彫刻家・日名子実三も熱心な日蓮宗信者であつたが、白秋と日名子は面識があつたと推測される。なぜならば、若かりし日名子は、師匠であつた彫刻家の朝倉文夫の住居兼アトリエに住み込みで修行してをり、その隣家に、白秋が大正十五年から移り住んでゐるからである。白秋が頌歌前文に、「日名子実三氏の設計にかかる」と一文入れたこともその点を裏付けてゐる。朝倉、日名子、妻の菊子も全て大分県出身であつた。

さて、白秋と智学との縁を取り次いだ人物は、前にも触れた智学門下の河野桐谷であつた。

白秋とは早稲田時代の学友でもある。「八紘一宇」の大衆化に大きな影響を与へたのは、「征け　八紘を宇となし」との歌詞のある内閣情報部募集歌「愛国行進曲」であつた。その作詞者・森川幸雄なる人物が、智学の門下生に「國體の教を受けたる學徒」であつたと書き記したのは桐谷で、白秋は内閣情報部募集歌審査委員の一人であつた。さらに面白いことに、桐谷の妻・喜久子と白秋の妻・菊子は同郷同窓の仲であつた。つまり桐谷は、智学との縁ばか

田中智学碑前の白秋一家と木俣修（右端）於：皇宮屋
（『近代日本の詩聖　北原白秋』より転載　昭和16年３月26日）

りか妻・菊子との仲をも取り持つてゐたのである。

白秋は昭和十三年に「万歳ヒットラー・ユーゲント」を作詞し、また同十五年には警保局長・松本学の「日本文化中央連盟」の依頼に応じ、既に交声曲「海道東征」の作詞を手がけた後であつた。駆け出しの頃には官能的で耽美的な表現で、風俗紊乱《びんらん》にあたると発禁処分を受けた作風は、国家艱難の時代に遭遇する過程で、日本主義へと回帰して行つたと見るべきか。

ところで来宮した白秋一家に興味深い一枚の写真がある。それは、智学が昭和四年七月に皇宮屋に参拝した際に詠んだ「日の本の本の光と仰ぐかな　朝日ただなすみや崎の宮」碑（昭和十年五月二十六日序幕）の前で撮られたもので、二人にとつては忘れることのできない恩人のモニュメントでもあつた。

時代背景や奇縁に結ばれた白秋の人脈が、「頌歌　八紘之基柱」を詠ませたのである。

薄明に死す

北原白秋の「頌歌　八紘之基柱」は、緻密に計算された構成を採り、塔建設に携はつた相川や日名子の思ひを斟酌した描写と、神武建国への信と博学なる知識がちりばめられた作品となつてゐる。この時期の白秋は眼病を患ひ執筆活動にも支障を来すほどであつた。昭和十二年十一月、糖尿病、腎臓病による眼底出血を起こして入院、爾来白秋は薄明《はくめい》の世界に生きる人となつた。

照る月の冷さだかなるあかり戸に
　眼を凝らしつつ盲ひてゆくなり

この歌は、「薄明への境涯を悲哀を抑えきって歌った傑作」とされるもので、闇と光のコントラストが実に見事に表現されてゐる。光を失つて行く冷たい感触が伝はつて来ると同時に、研ぎ澄まされた感覚が一層鋭敏に光を求めてゐる。

ところが著名な白秋に、療養に専念する時間など与へられるはずもなく、昭和十四年十月には前述した日本文化中央連盟依頼の長編交声曲詩「海道東征」及び長唄「元寇」を完成させた。また翌十五年も東北巡行や歌集『黒檜』、詩集『新頌』などの刊行、さらに河出書房版『白秋詩歌集』全八巻の企画のために箱根に滞在するなど多忙を極めた。そして翌十六年三月に古里・柳川から始まつた巡行は、宮崎、奈良を経た神武天皇ご東征の順路をお偲びする長旅となつた。来宮から僅か一年半後（昭和十七年十一月二日・享年五十七歳）に死去するが、

「八紘一宇」拾銭切手（上左）、「八紘之基柱」と富士山をあしらった四銭切手（上右）、「八紘之基柱」拾銭紙幣（下）

白秋にとつては覚悟の旅路であつたのかも知れない。

白秋の晩年について木俣修は、「古事記、日本書紀、風土記をはじめ多くの文献は半紙に大きくわれわれが書写したものによって読まれ、史論などはわれわれの音読するのを聴かれた。血のにじむような精進などという言葉は先生のこうした努力に対して使うべき言葉ではなかろうか」と、記してゐる。また、古代の精神をこの時代に新しく再現しようと詩編の構想に耽《ふけ》る時、「天孫降臨の聖地を思慕してやまなかった」と、宮崎に向かふ車中で語つたといふ。白秋が「頌歌　八紘之基柱」をどのやうな思ひを込めて制作したのか、その心中は推して知るべしであらう。

さてその後の塔は、四銭切手や拾銭紙幣の意匠にまで使用されるなど、全国的に知られる存在となつてゆく。山中恒によると、「絵や写真、レリーフ、文鎮などの模型がごろごろしていた。ぼく自身そのミニチュアを見ながら模写したことも一度や二度ではなかった。児童雑誌の附録にその模型の組立てがついていたこともあった」と、塔が視覚的に認知され社会へ浸透して行つたことを回想してゐる。

ところが敗戦に伴ふ社会変革は、八紘之基柱の存在を危ふくし、ために白秋の芸術的作品（交声曲・「海道東征」など）さへも、正当な評価さへ受けず忘れ去られつつある。戦後も既に六十六年、我々は戦後の負の遺産を何時まで引きずらねばならないのだらうか。

幻の壁画「海ゆかば」――中山正實画伯の鎮魂

天皇陛下のご下問

宮崎神宮では昭和四十七年より毎年秋口に皇居の勤労奉仕を行つてゐる。皇居や赤坂御所において除草などの清掃奉仕を行ふのである。第四十二回目となつた平成二十七年十一月には、三十余名の「神武養正講社」の講員が奉仕にあたつた。その際に天皇皇后両陛下よりご会釈を賜る事を常とするが、この度の陛下のご下問は、「明年は神武天皇二千六百年祭（神武天皇が崩御されて二千六百年の節目の祭）ですね」といふものであつた。予想もしてゐなかつたご下問に、高橋信尋団長は一瞬戸惑ひを見せたが、直ぐに機転を利かせて「恙なく奉仕致します」と答へたさうだ。

その報告を受けた杉田秀清宮司以下、来る平成二十八年四月三日の「神武天皇二千六百年祭」にあつては、例年の「神武天皇祭」にも増して、盛大に斎行することの意義を再確認し

中山正實「海ゆかば」（宮崎県立美術館所蔵）

たのであつた。その一つの企画として、第六十二回神宮式年遷宮の撤下神宝等と共に、一枚の大きな絵画の写真パネルを「儀式殿」に展示、参拝者にご供覧戴く機会が持たれたのである。この絵画こそが、これから述べる中山正實《まさみ》画伯の「海ゆかば」であつた。

以下、この絵画の来歴を追つてみたい。

中山正實画伯について

先づは中山正實の略歴を『日本美術年鑑』（昭和五十五年版）を基に紹介しておかう。

中山は明治三十一年（一八九八）に

神戸市に生まれてゐる。大正四年に神戸高等商業学校（後の神戸商業大学、現神戸大学）に入学、同八年には東京商科大学（現一橋大学）専攻部に進学してゐる。「両親の希望に従った」とし、また、「母を安心させるために一橋の専攻部に入学した」といふことから、両親は画家になることを反対してゐたのであらう。ただ本人は強い意志を持つてをり、神戸高等商業学校初代校長の水島銕也《てつや》にその胸の内を明かしてゐる。画家になるためには上京する必要があるとして、その手段に一橋の専攻部に推薦してほしいと直談判したのである。この中山の訴へに対して水島校長は、「よろしい」と一言発して笑顔で承認してくれたといふ。余ほど嬉しかつたやうで、水島校長の追悼集『愛庵先生の横顔』に「人生意気に感ず」と綴つてゐる。

ちなみに水島は豊前《ぶぜん》中津藩（現在の大分県中津市）の出身である。「神戸新聞」（昭和五十二年十二月三日付）によると、授業はまじめなばかりで面白くなかつたけれど、商業教育にかける水島の熱意が伝はつて来て、教室はいつも満席だつたといふ。当時としてはユーモアのセンスもあつたやうで、銕也の「銕」を英訳にかけて、「アイアン」＝「愛庵」と号したのであつた。

さて、中山は上京して東京商科大学に学ぶ傍ら川端画学校にも通つた。著名な日本画家や洋画家を多数輩出した私立の名門美術学校で、そこで藤島武二の指導を受けた。「日本近代洋画の巨匠」と称されるほどの、油絵の権威者であつた。鹿児島出身であつて、同郷の黒田清輝に師事したことでも知られてゐる。尚、西田桐子氏の「中山正實とその壁画制作について」(『兵庫県立美術館研究紀要』六、七号)によると、神戸市出身の画家との関はりからいふと、最も影響を受けた芸術家は金山平三といふ。神戸大学の大壁画の下絵が完成した際に、金山が褒めてくれたことを生涯忘れなかつた。

大正十年第三回帝展に「鉱山の夕」といふ作品が初入選、さらに同十三年に渡欧してゐる。ルーブル美術館で模写をすすめる傍ら同十四年には壁画研究のためにイタリアに旅行してゐる。この際に壁画に魅了されたことは、本人執筆の「壁畫の恒久性——フレスコと油彩壁畫について——」(『みづゑ』昭和十一年一月号)を見れば明白である。イタリアのアッシジの丘上、聖フランチェスコ聖堂の奥深い内陣でチマブエ筆と伝へられる聖母子のフレスコ画を見たとして、「その空の色の青の美しさに思はず嘆聲を洩らした」と述べ、「今日も尚その美しさが

パリで修業中の中山正實（大正13年４月、パリ・モンパルナスにて）（写真提供：神戸大学）

忘れられない」と感動を綴るのであつた。

昭和二年に帰国し、第八回帝展に「古都礼讃」を出品、以後同七年まで毎年作品を発表し続けた。そして同七年、母校でもある神戸商業大学の壁画の委嘱を受け（壁画「青春」）、以後壁画制作に専念することとなる。

昭和十五年の紀元二千六百年には、橿原神宮外苑の大和国史館の壁画「阿騎野《あきの》の朝」を完成させてゐる。この初代神武天皇が大和橿原で即位されてより二千六百年といふ国を挙げての奉祝事業の中にあつて、後に手がけることとなる大壁画、「海ゆかば」の構想も徐々に練られていつたのかもしれない。ただ、同年二月号の『少年倶楽部』に映画美術デザイナー・斎藤五百枝《いおえ》の「海ゆかば」といふ口絵が掲載されてゐる。その構図は、千二百年前の「大君のみことを奉じて船出する防人」たちを描いたものである。

神武東征と「海ゆかば」

昭和十五年制作の「阿騎野の朝」を以て、歴史記録画に一つの手懸かりを得た中山正實は、「勇を鼓して、今度の壁畫製作にとりか〻ることとなつた」と、「海ゆかば」制作の動機を述べてゐる。そして中山が選んだ題材が、宮崎神宮のご祭神・神日本磐余彦天皇《かむやまといわれひこのすめらみこと》の「神武東征」であつたことは一考に値する。

天皇は日向の地にあつて政治《まつりごと》をお執りになつたが、御歳四十五歳の折に都を中央に遷すべく日向をご出発になつたと『日本書紀』に記されてゐる。その後、艱難辛苦《かんなんしんく》を経て大和橿原の地で初代神武天皇となられるが、その東征の出発地とされてゐるのが日向美々津である。

中央で海を眺めながら背中を向け立つてゐるのが神日本磐余彦天皇である。遙か遠くに見えるのが権現崎、右手には一つの神岩と七つ礁《しょう》の一部がある。いふまでもなく日向灘に面する美々津の浜を描写したものだ。昭和十八年十月下旬に中山は美々津を訪問、同年十二月中旬には下絵を完成させた。右端には、里人が出発に際して献上したとされる餅（「つき入れ餅」）も描かれてゐる。つまり、村人達は当初は餡入り餅を予定してゐたが、天候の加減を見て急遽ご出発となつた皇軍に対し、米の粉と小豆を混ぜた餅を持たせたといふ故事に倣つたものである。

そして、左側には三人の皇兄、即ち、五瀬命《いつせのみこと》と三毛《みけ》入野命《いりのみこと》、さらには稲飯命《いないのみこと》が描かれてゐる。また右側で刀を高く上げてゐるのは日臣命《ひのおみのみこと》（大伴氏の遠祖）であると、中山自身が『壁画「海ゆかば」考証』で述べてゐる。ちなみに「日臣命」（＝道臣命）は、神武東征の際に、宇陀《うだ》の兄宇迦斯《えうかし》を撃ち（『古事記』）、その導きの功績によつて道臣《みちおみ》の姓を賜つた（『日本書紀』）とされる。子孫に万葉歌人として著名な大伴家持がをり、家持の遺した大伴一族に古来伝唱されてきた言立《ことだて》（家訓）を根拠として、中山は日臣命に、絵画の中で「海ゆかば」を高唱させてゐるのである。

この家持の言立を詠み込んだ長歌の一節（『万葉集』巻十八）は、信時潔《のぶとききよし》によつて歌曲とされたことが知られてゐる（昭和十二年）。それが有名な「海行かば」である。

海行かば水漬く屍
山行かば草生す屍
大君の辺にこそ死なめ
かへりみはせじ

「国民精神総動員強調週間」（昭和十二年十月）に、その趣旨を語る講演放送を盛り上げるために作られた。当初は頻繁に流されたが、戦意昂揚の曲としては余りにも荘厳過ぎたため、途中より威勢の良い「愛国行進曲」が主流となつてゆく。ところが大東亜戦争勃発後の昭和十七年頃から、大本営発表の戦果発表の曲として流されることが増え、国に報いる「決意」を国民に求める歌曲となつたと、竹山昭子氏は指摘してゐる（『その時ラジオは』）。玉砕《ぎょくさい》や若者の出撃が日常化してゆく死と背中合はせの時代を迎へたのである。

作品については、「私は作家としての良心に恥じないものとして芸術的価値を認めている」と、「愛媛新聞」（昭和五十年九月二十三日付）に語つてゐる。戦後多くの作家が、戦時下の作品に対して批判的或いは隠蔽《いんぺい》する傾向がある中、中山が作品に対する矜恃を示したのは評価して良いと思ふ。

この画から「軍国主義」の息吹を感じとることは容易《たやす》いことであるが、それだけでは余りにも浅薄に過ぎよう。これから訪れるであらう「水漬く屍と草生す屍」の尊い生命の犠牲を知りながらも、浦安の国を夢見て出立せねばならなかつた、天皇と皇軍の決意を中山は「神武東征」に込めたのである。そしてその姿は、敗戦が迫りつつある戦時下にあつて、日本民族の死を弔ふ慟哭《どうこく》と相俟つて、日臣命に「海ゆかば」を語らせたのである。国威発揚といふよりも「鎮魂」といふべき作品ではないだらうか。神日本磐余彦天皇の後姿は悲しく、それを見送る日向人の憂ひも深い。これから日本統一される天皇の勇ましさが、この画には稀薄なやうである。死を覚悟した人達の決意と語らぬ沈黙にこそ、真の勇気を見たいのである。中山がこの画を「神武東征」といつた威勢の良い題目とせず、「海ゆかば」とした所以と思ふ。

壁画の焼失と下絵の発見

完成した壁画「海ゆかば」は、昭和十九年の第八回海洋美術展に出品後、朝日新聞社企画局長の木村束の仲介によつて、江田島海軍兵学校「教育参考館」に献納されたのであつた。海軍の兵科将校を養成する学校で、その教育に参考となる資料を納めたのが教育参考館（昭和十一年建設）であつた。タテ八尺（約二・五メートル）、ヨコ十八尺（約五・五メートル）の大作であつて、風俗考証は帝室博物館の關保之助（宮崎神宮の神事流鏑馬の式法を考証した人）に、また時代考証は佐々木信綱博士の所説に啓示されたといふ。

この大壁画は、昭和十九年暮れ、「既に戦局は重大危機を迎えていたので、作品は巻いて、二メートル六十センチほどの細長い木箱に収め」江田島へ送つたと、中山正實本人が『凌霜』（二四八号）に書き遺してゐる。

一方受け取つた側の記録もある。「教育参考館」の理事で、海軍兵学校教授を務めてゐた姉崎岩蔵の証言によると、「大戦末期、大きな包みが参考館に送られてきた。屋上で包みを開くと、中山氏が神武天皇のご東征を描いた油絵だった。どこかの倉庫に保管されていたらしく、絵の具がボロボロにはげており、壁画として飾ることはできず、そのまま、参考館の倉庫に保管しておいた」（前掲「愛媛新聞」）といふのである。

そして終戦を迎へると、同兵学校長の命により、貴重な資料は広島県の厳島《いつくしま》神社と愛媛県の大山祇《おおやまづみ》神社に寄進し、その他は焼却されることとなつた（「終戦時における海軍兵学校教育参考館の処理」）。よつて、壁画「海ゆかば」も敗戦に伴ふ騒擾《そうじょう》にて、多くの海軍資料と共に灰燼《かいじん》に帰したと推測するしかない。「当時としては適切な処置だったと思う」とは、画の焼失を知つた中山の言である。

ところが、焼却したと思はれてゐた「海ゆかば」であつたが、その下絵（原画タテ九一糎《センチメートル》、ヨコ一九四・三糎《センチメートル》）が中山のアトリエから奇跡的に発見された。

このことを記録したのは、神戸大学で経済学を講じた家本秀太郎氏で、「この約千号の大型壁画の下絵が、アトリエとともに戦火を免がれ、その後アトリエ物置の中から見つけ出されたことでありまして、わたくしは、その一隅に掛けられたこの残された下絵を、ご夫妻とともに感深く拝見させていただきました」（『凌霜』二五一号）といふ。

この記事が掲載されたのは昭和五十一年五月のことであるので、中山にとつて人生の晩年になつての発見であつたことも見えて来る。日の目を見ないままであつた下絵は、偶然に発見されたものに違ひないが、作者の作品に込めた情念が、時を経てからの発見に結びついたのであらう。まさに三人は、「感深く拝見」せずにはゐられなかつたのである。

ところで中山は、品川のお台場に新築された海軍経理学校にも同一壁画が掲げられることが決定したと、『壁画「海ゆかば」考証』に述べてゐるが、こちらの方は裏付けする記録がない。ただ、昭和二十年二月の『少年倶楽部』に中山の「海ゆかば」が口絵に使はれてゐる。ところがどうしたことか、その口絵は明らかに本論の「海ゆかば」と構図が異なつてゐるのである。この『少年倶楽部』の「海ゆかば」こそが、お台場の海軍経理学校に寄贈された一枚ではなかつたのかと推測するところである。

出光佐三と「海ゆかば」

発見された下絵の「海ゆかば」は、中山正實の死去後に出光興産に移譲（平成七年に宮崎県立美術館に所管換へ）されたやうである。

この石油会社を興した出光佐三《いでみつさぞう》は、「出光美術館」を設立して美術品等の蒐集と保存に努

水島銕也銅像（神戸大学）

出光佐三（写真提供：神社新報社）

めた人で、近年、百田尚樹氏の『海賊とよばれた男』で広く知られた人である。郷土である福岡県の宗像《むなかた》大社への信仰心が厚く、その戦後復興と神社のご神宝護持に尽力した人でもある。世界に名を馳せた企業家が、何故に中山の「海ゆかば」を所持し、後に宮崎県立美術館へ委譲したのか。

筆者はその背景を知るべく、出光美術館の学芸員として携はつて来た、現在明治神宮絵画館の黒田泰三学芸員と、画を管理してゐる宮崎県立美術館の佐々木明子学芸員に取材した。しかしながら三十年余の歳月は如何ともしがたく、両者ともに、その当時の詳しい事情を知る人はゐなかつた。ただ宮崎県立美術館に、画の寄贈があつた事実を証明する「博物館資料寄贈申込書」が保管されてゐることによつて、出光興産、就中《なかんづく》出光佐三と画との繋がりが朧《おぼろげ》気ながら見えて来たのである。

それは、佐三が中山の神戸高商の先輩にあたることが関係してゐる。既述した中山の恩師・水島銕也は、佐三の恩師でもあつた。『愛庵先生の横顔』に佐三は、「水島先生は愛情によりて人は育つことを身を以て教えられた偉大なる教育者である」と綴つてゐる。同書には中山が描いた水島の肖像画も口絵にある。

奇しくも二人は同じ師を持つ同窓で、さらに神戸商業大学に出光が昭和十年に寄贈した「出光佐三記念六甲台講堂」の壁画を手懸けたのは他ならぬ中山であつた。舞台上部には「富士」が、さらに向かつて右側には「光明」、左側に「雄図」が描かれてゐる。

つまり、中山の死去（昭和五十四年一月七日・享年八十一歳）後に「海ゆかば」は先輩にあたる佐三の出光興産に持ち込まれたのである。ところが、同五十六年三月には佐三も鬼籍《きせき》に入ると、画は宮崎県立博物館へと委譲となつた。

その背景には、佐三の芸術に対する深い思ひ入れがあつた。佐三は「私の一生はいつも美にリードされてきた」といふ。先の黒田学芸員によると、「佐三は美にリードされていわば無私の美感をかたちにしたのではなかったか」（『蒐集家・出光佐三のこころ』）、とのことである。

そして佐三の美術品への接し方については、「美術品は自分一人のためのものではない。日本といふ国で、永久に共有されるべきものである」といふ信念があつたとも指摘してゐる。よつて、神武天皇ご東征をモチーフとした「海ゆかば」は、最も関係深い宮崎の地にあつてこそ、初めてその画の価値も高まるといふのが佐三の考へ方であつたと推測されるのである。そのやうな佐三の画に対する姿勢、即ち、美術品は自分一人のものではないとする「無私の美感」が、中山の画の一時的な管理と相俟って、宮崎県に寄贈された理由のやうな気がしたのである。

「海ゆかば」の展示

中山正實の「海ゆかば」が、そのモチーフともなつた日向美々津の所在地である宮崎県に寄贈されたことは、誠に賢明なことであつた。

宮崎県にあつて、この画の存在を最初に紹介したのは、竹本忠雄筑波大学名誉教授であつたと思はれる。平成十年八月の「日本会議宮崎」の設立大会に講師として呼ばれた竹本名誉教授は、この講演の冊子化に伴ひ「海ゆかば」の存在を明らかにし、そして講演録『いま、日本の使命を問う――創成神話の地、宮崎より世界へ――』の口絵としたのである。

その後平成十八年に宮崎県立美術館、同二十二年には島根県立石見美術館にて展示された。ところが近年になつて、中山の母校たる神戸大学にて顕彰の動きが出て来たのである。中山の後輩にあたる石井義章氏は、下絵の存在を知ると大学と交渉、附属図書館文書資料室長補佐の野邑理栄子氏の協力の下、油絵の写真複製を完成させたのである（『陵霜』四百号）。平成二十五年に完成した複製画は、神戸大学百年記念館一階の展示室入り口の南面に飾られた。現在は展示されてゐないのは残念ではあるが、額縁に入れられて大切に保管されてゐる。

また、中山の作品を多数所蔵してゐる兵庫県立博物館では、平成二十八年五月二十一日から七月三日までの間、「1945±5年――激動と復興の時代　時代を生きぬいた作品」展を開催したが、これに併せて中山の「海ゆかば」の下絵も展示されたのである。既に紹介した、兵庫県立美術館西田桐子学芸員や宮崎県立美術館の尽力に拠る。六月一日に下絵を拝見した筆者は、レプリカとは違ふ見事な彩色とその完成度の高さに感動したことであつた。

しかしながら、神武天皇ご東征の壁画「海ゆかば」の存在は、宮崎県民にあつても殆ど知られてゐないのが実情である。よつて、神武天皇崩御二千六百年の式年に合はせて、この「海ゆかば」の写真パネルを宮崎神宮社務所に常設することとなつたのである。

第五章　戦争悲話

二・二六事件と渋谷三郎

ソ連侵攻の満洲で一家自決

昭和二十年（一九四五）八月二十一日、日ソ中立条約を一方的に破り、満洲国に攻め入つたソ連軍が迫る中、或る教育者の一家（元軍人）が命を絶つた。それは、哈爾濱《ハルビン》学院の最後の院長となつた渋谷三郎と妻の文子であつた。次男の泰も二人に続いたが死にきれず、意識が戻らないままに十月二十四日死去した。辞世の句は、

北満にいつか春のめぐりきて
　大和桜の花や咲くらん

と詠んでゐる。また妻は、

大君の御盾《みたて》と散りしますらおの
　効ある日をぞわれは待つなり

と詠み、次男は「七生報国」とのみ書き遺した。未だ十六歳の少年であつたが、その無念の思ひを楠木正成の絶唱に擬《なぞら》へたのであつた。この一家は何故に「死」を選んだのか。日本の敗戦とソ連侵攻といふ苦境の中、北満に平和な春が訪れることを願つたこの教育者の壮絶な「死」の意味を、知りたいと思つた。

父は宮崎出身の陸軍中将

渋谷三郎（旧姓石井）は、明治二十一年（一八八八）陸軍中将を務めた石井隼太の三男として東京で生まれてゐる。父隼太は、現在の宮崎市佐土原町出身の軍人で、日露戦争の際には砲兵隊の指揮官として活躍し、明治二十九年から同三十一年四月まで、陸軍大臣秘書官を務めた人である。大正元年には晴れて陸軍中将に昇進、下関要塞司令部司令官を最後に退役した。

この薩摩支藩佐土原出身の中将が、陸軍の薩摩閥に属したことは当然のことであるが、息子の三郎にもその流れを汲む軍人になることを望んでゐたに違ひない。三郎は、明治四十一年に陸軍士官学校（二十期）を卒業、歩兵第三十九連隊付の陸軍少尉（姫路）に任じられてゐる。そして、大正五年には陸軍大学に進学したのであつた。

なほ、遡つて明治二十九年には元佐土原藩士渋谷善則に養子に出されて以降は渋谷三郎と名乗つた。宮崎出身とはいへ、ほぼ東京で育つたことから、渋谷の履歴から宮崎との繋がりは見えて来ない。ただ、実父が故郷の渋谷家に養子に出したことによつて、引き続き宮崎との縁は保たれた。その縁が途絶えてゐなかつた証拠は結論で述べたいと思ふ。

渋谷三郎
明治21年（1888）～ 昭和20年（1945）

大正八年には第十四師団参謀としてシベリアに派遣され、同十年に帰国、参謀本部勤務を命じられてゐる。そして昭和四年に第十一師団参謀（善通寺）、晴れて陸軍中佐に任じられ、エリートとしての実績を着実に重ねて行つたのである。

同九年に満洲の黒河《こくが》特務機関長に転じた。安全保障の観点から情報を収集することが任務であり、占領地域や作戦地域で対反乱作戦や宣撫《せんぶ》工作に当たる諜報《ちょうほう》機関の責任者となったのである。その仕事の一つに当時のソビエト連邦の動きを捜査する任務があつて、「対岸蘇連邦の近情」といふ報告書を纏《まと》めてゐる。対岸アムール州のソ連軍を分析したもので、その兵力は約三個師団あるとしてゐる（『学徒至誠会派遣団研究報告』第二編）。

北方警備の大事を身に染みて実感した渋谷である。そしてこの後、渋谷の運命を大きく変へることとなる役職の任務を、昭和十年も押し迫つた十二月二十五日に命じられたのであつた。

連隊の部下が二・二六で決起

昭和十一年二月二十六日、深々と雪の降る帝都において大事件が起きた。世にいふ「二・二六事件」で、首相官邸が襲はれ警視庁等も占拠された。さらには高官官邸が襲撃されて時の内大臣斎藤実《まこと》、大蔵大臣高橋是清《これきよ》、教育総監渡辺錠太郎《じょうたろう》らが射殺され、侍従長鈴木貫太郎は重傷を負つた。陸軍省を含む永田町一帯が占拠され、首都圏は完全に麻痺したのである。

この軍事クーデターの中心を担つたのは、帝都東京警備を任務とする第一師団所属の歩兵第三連隊で、決起部隊の約六割を占めた。彼らの主張は、陸軍「皇道派」を中心とした政権を樹立させるために「昭和維新」を断行、国家改造を速やかに実施するといふものであつた。

そして知るべき事は、この歩兵第三連隊長こそが、前年十二月に就任した渋谷三郎であつたといふ事実である。とはいふものの就任したばかりであつて、未だ部隊の内情を把握しきれてゐない段階で事件に遭遇したことに不幸があつた。

ただ事件の責任を痛感した渋谷は、直ぐに事件の収拾に動いた。文相官邸を占拠する野中大尉と面談し自決を勧めてゐる。また、決起に参加してゐなかつた森田利八大尉と共に、その占拠する「幸楽」に出向き、部下である安藤輝三《てるぞう》大尉に懸命な説得工作をしてゐる。「安藤起てば歩三は起つ」と言はれた人で、この事件の大量動員の背景には大尉の存在が大きかつた。しかしながら、最後まで決起に慎重な態度を示したのもこの人で、「部下思いの安藤大尉」としても知られ、信望を集めてゐた。秩父宮を偲ぶ会編纂の『秩父宮雍仁親王』に、その鎮圧交渉の経緯が出てゐるが、安藤大尉の最期の別れの言葉は、「連隊長殿、短い御縁でした。悪い部下で申し訳ありません」といふものであつた。

渋谷連隊長の心情は穏やかであらうはずはなく、その姿は自決せんばかりの悲壮感漂ふものがあつたと、長男の渋谷晃が書き遺してゐる。

事件後、渋谷は自責の念に駆られたが、周囲の説得や慰留により満洲国の建設に余生を捧げることで、死を思ひ留まつた。二・二六事件で背負つた「死」と痛切な悲しみは、渋谷の人生に深く刻まれた。その姿は、西南の役で隊旗を薩摩軍に奪はれ、その失態を引きずつて生きた乃木希典《まれすけ》将軍をどこか彷彿させるものがある。

満洲建国に尽力す

昭和十二年（一九三七）、満洲国の治安部警務司長に赴任した。

「大阪朝日新聞」（昭和十二年六月十二日付）に、七月一日から実施される満洲国の政治行政機構についての記事が掲載されてゐるが、その中に渋谷の名前も確認出来る。なほ、この内閣改造で入閣した中に総務庁長官星野直樹がゐて、また産業部次長に岸信介も就任してゐる。いふまでもなく「弐《に》キ参スケ」と呼び称された、五名の満洲国の影の実力者である。ちなみにあとの三人は、関東軍参謀長を務めた東条英機、満洲重工業開発株式会社社長の鮎川義介、さらに満鉄総裁の松岡洋右のことである。

そして直ぐに渋谷は牡丹江省《ぼたんこうしょう》長に就任してゐる。牡丹江省（現在の中国黒竜省東南部地域）とは、同年七月に満洲国政府によつて浜江省《ひんこうしょう》南部に新設された行政区で、これによつて満洲は十二省に分けられた。この新設された行政区長に就任したのであるから、軍隊生活での人事の掌握や人間的な包容力が期待されてのことであらう。

ただその実情は非常に厳しいものがあつたと思慮される。康徳《こうとく》七年（満洲国の元号＝昭和十五年）に刊行された満洲国国務院総務庁『臨時国勢調査報告』によると、当時の牡丹江省の人口は僅か六十八万八千人であつた。そしてその人口の約七割五分は満洲人とはあるが、その実態は殆どが漢人、つまり中国からの移民であつた。約十六万人の日本人が住んでゐたが、その七割は朝鮮人であつたことから、実質の日本人は、僅か四万七千人ほどしかゐなかつたのである。つまり七パーセントに過ぎない日本人が、残りの九三パーセントの中朝満蒙等の各民族のまとめ役となつて、省を運営してゆくといふのであるから、極めて厳しい舵取りであつたはずだ。

五族協和や王道楽土といふスローガンが満洲では高唱されたが、逆に言へば、一致団結するためには各民族の琴線《きんせん》に触れるやうな道徳心に期待を寄せる術しかないほどに、危ふかつたとも言へよう。北には大国ソ連がゐて虎視眈々と領土を狙つてゐる。また南には欧米の後ろ盾を得た中華民国国民政府があつて、三十万人といはれる匪賊《ひぞく》は、当初はさほど組織的ではなかつたが、中国共産党に指導された「共匪」は、昭和八年以降、組織的に抗日戦を展開して行つたのである。極めて不安定な要素がこの新興国を覆つてゐた。

そして昭和十五年（一九四〇）には、満州国治安部次長（事実上の警視庁長官）に就任、さらには、同十八年四月に哈爾濱学院長へと転じたのである。

哈爾濱学院長に就任

哈爾濱学院長時代の事績については、『哈爾濱学院史』に詳しく出てゐる。また、芳地隆之の『満州の情報基地ハルビン学院』、桑原聡の「わが心の『王道楽土』哈爾濱学院の思ひ出」（『別冊正論』第十一号、平成二十一年）、谷畑良三の「哈爾濱学院長・渋谷三郎のこと」等にも書かれてゐるので、渋谷の事績の中では比較的に知られた事象といへよう。

この哈爾濱学院とは、大正九年（一九二〇）に当時日露協会会頭だつた後藤新平の肝煎りで「日露協会学校」として創立された。昭和十五年には満洲国立の高等専門学校となり、終戦と共に消滅するが、その間、四半世紀で一千四百十二人の卒業生を出した。日本国内の各県から一人選抜といふ超難関校でもあり、ロシア文学者として著名であつた内藤剛介によると、内藤が入学した二十一期生の倍率は実に三十倍であつたといふ。ちなみに、ナチスドイツに迫害されたユダヤ人にビザを発給したことでも知られる杉原千畝《ちうね》は、ロシア語の講師を務めたことがあつた。

ところで渋谷の教育方針は、当時の生徒達の記録から察すると、軍隊上がりの精神教育ではなくて、比較的にリベラルなものであつたやうだ。二十一期生の成瀬孫仁は、自らの日誌に「九十五点の人物」と記し、「マイナス点は、寒中、出迎えさせられたゆえなり」と書き遺してゐる。また、戦局に対しては、イタリアの離脱（昭和十八年九月）時点において日本の敗戦を語り、また沖縄が奪取されたらソ連は必ず進攻して来ると生徒達に述べたといふ。その予感は悲しいことに的中し、ソ連軍は進攻を開始して遂に運命の日を迎へたのである。

昭和二十年八月十七日昼には、学院の閉校式を行ひ、時の日露協会名誉総裁閑院宮《かんいんのみや》載仁《ことひと》親王から賜つた校旗「哈爾濱学院旗」を自らの手で焼納、その間、直立不動のままで焼け落ちる校旗を見つめてゐた姿が記録されてゐる。

そして同二十一日、親子三人で自害したことは冒頭に触れた通りで、ここに満洲国に余生を捧げた渋谷の生涯は閉ぢられた。翌二十二日、自決した渋谷三郎の遺体は、食卓の板を剝がして作つた棺桶に入れられ、哈爾濱学院校庭に丁重に埋葬されたのであつた。十二、三名の在校生等がその埋葬式に参列して、渋谷の最期を見送つたといふ。

その後の経過については、長男の渋谷晃の手記（『世紀の自決』所収）に詳しい。渋谷の遺髪は自決前に哈爾濱学院の職員に託してあつたさうで、当時、公主嶺に在住してゐた義兄の白浜資一が、昭和二十一年に日本に引き揚げる際に持ち帰り、東京都多磨霊園の渋谷家の墓に

哈爾濱学院旗の燃え端

納めたのである。

なほ余談ではあるが、哈爾濱学院旗の房の燃え端を持ち帰つた人が現存してゐる。当時、一年生であつた宮崎県綾町在住の佐藤挙男《たかお》氏（八十七歳）で、房の燃え端を小袋に入れ、首から吊して決死の覚悟で持ち帰つた。シベリア抑留（チタカ）を経て、昭和二十三年十月に無事帰国した。筆者は平成二十八年三月二十二日に面談、渋谷の教育方針や最期の様子を伺つたのであつた。

「八紘一宇」の理想に殉ず

ここに改めて渋谷の死の意味を考へたい。

その理由を知るために、八月の夏の盛りに宮崎市の「八紘之基柱」（現「平和の塔」）を訪れた。

渋谷三郎献石・八紘之基柱
基壇東面（左）上から６段目の石（ほとんど地中に埋もれてゐる）

昭和十五年、いはゆる紀元二千六百年奉祝事業の一環として宮崎県が建てた塔であるが、その建設にあたつては、国内外から一千七百八十九個の石材が寄せられた。そして知るべきは、その一石を渋谷は献納してゐた点にある。「満洲国牡丹江省長渋谷三郎」と刻字してある献石は、塔の外枠土台の左面下段に位置し、中国はじめ世界中から寄せられた石の最下部にあつて塔を支へてゐる。今では文字すら判別出来ないその姿に、民族協和の八紘一宇精神の有りやうを感じたことであつた。

そして塔を拝せば、正面には二・二六事件の青年将校らと関係浅からぬ昭和天皇の弟宮・秩父宮雍仁親王揮毫の「八紘一宇」といふ文字が刻字してある。

八紘一宇とは、神武天皇のご即位前に発せ

られた詔勅の中の一文、「六合《くにのうち》ヲ兼ネテ以テ都ヲ開キ、八紘《あめのした》ヲ掩《おお》ヒテ宇《いえ》トセムコト、又可《よ》カラズヤ」を原典とすることが知られてゐる。一つ屋根の下に家族が仲睦まじく生活するやうに、世界を一つの大きな「家」と見立てた民族協和で、その精神の具象化が満洲国とされたのである。

塔の考案者は、二・二六事件に対処した内務省警保局保安課長で、事件処理後は朝鮮総督府警察部警察局外事課長に転任となつてゐた、時の宮崎県知事相川勝六であつた。さらにいへば、この八紘一宇を陸軍で最初に使用したのは、満洲建国の立役者たる石原莞爾《かんじ》関東軍作戦参謀であつて、事件鎮圧を最も早くに主張したことでも知られてゐる。思へば、二・二六事件の「蹶起趣意書」には、「謹ンデ惟《おもんみ》ルニ我神洲タル所以ハ、万世一系タル天皇陛下御統ノ下ニ挙国一体生々化育ヲ遂ケ終ニ八紘一宇ヲ完フスルノ国体ニ存ス」とある。決起した青年将校らの部隊は、満洲国へ配属が決定されてゐたのである。

不思議な運命に翻弄《ほんろう》された渋谷の事績を知るに及び、今日なほ屹然《きつぜん》と建つてゐる塔が、二・二六事件を引きずりながらも、満洲の地で八紘一宇の世界平和を夢見た渋谷の鎮魂碑に見えた。そして、満洲国崩壊と共に訪れた教育者の「死」の必然を感じとつたのである。

渋谷もまた、二・二六事件の青年将校等と同じやうに、「八紘一宇」の理想に殉じたのだと思ふ。

戦争の記録——宮崎神宮に参拝した特攻隊員・山本薫中尉

天皇陛下のパラオご訪問

平成二十七年は、大東亜戦争終結より数へて七十周年にあたる。

天皇皇后両陛下におかせられては、四月八日より九日迄のご日程でパラオ共和国にご訪問、彼の地で戦死された多くの英霊に敬虔な祈りを捧げられたのであつた。

とりわけ激戦地であつたペリリュー島では、日本政府が建立した「西太平洋戦没者の碑」に供花せられた。この地において日本軍兵士約一万人、米軍兵士約千七百名が戦死された。引き続き両陛下は、南西約十キロ先に浮かぶ小島アンガウル島の方向に向かつて深々と拝礼されたのであつた。そして、ペリリュー島とアンガウル島戦を生き延びた元兵士や遺族関係者に対し、慰労のお言葉をかけられたのであつた。

ところで、このパラオ・ペリリュー島の戦ひは、「忘れられた戦い」と称されて来た。その背景にはほぼ全滅に近い戦況であつたために生存者の記録が少ないこともあるやうだ。故に英霊のご遺骨調査もままならない現実がある。

厚生労働省の調査によると、未だ異国の地に眠るご遺骨は一一三万柱（海外戦没者二四〇万人）にも及ぶさうで、それら英霊のお一人おひとりには、記録されるべき個人の戦史ともいふべき「戦争の記録」があるはずであるが、残念ながらその多くは残されてゐないのが現状と思はれる。

戦争体験の風化は慰霊の風化にも繫がる。陛下はご出発前に、「太平洋に浮かぶ美しい島々で、このような悲しい歴史があったことを、私どもは決して忘れてはならない」と、お言葉を述べられた。我々は戦争を風化させないためにも、その記憶を丹念に記録する作業を怠つてはならない。

ある作家の訪問

ところで「戦争の記録」といふ点で、筆者には思ひ出深い出来事がある。それは去年、平成二十六年三月二十六日午後の話で、ある初老男性の宮崎神宮参拝に始まる。尋ねたい旨の申し出があり、宮崎神宮のご祭神や由緒の話であらうと思ひ応対したのであるが、予想外にもその人は特攻隊の話を始めたのであつた。

聞けば、「昭和二十年三月三十日と四月四日に宮崎神宮に特攻隊員が参拝してゐるはずだが、そのやうな事は戦時下にはよく行はれたのか」との問ひであつた。特攻隊員が新田原《にゅうたばる》飛行場からも出撃したことを知つてはゐたが、その隊員達が宮崎神宮にお参りしてゐたといふことは、恥づかしながら初耳であつた。加へて急な話であつて、調査することも適はなかつたので、「戦時下にあつて宮崎神宮には多くの陸海軍将校や士官が参拝されたので、今は確認は出来ないが来られた可能性はありますね」と答へた。そして、山本五十六連合艦隊司令長官や東条英機首相等の参拝もあつたことも付け加へた。すると氏は「それが確認出来れば結構です」と述べ、肩書の入つた名刺を置いて帰つて行つた。氏の名は「きむらけん」といひ、ノンフィクション作家、児童文学作家といふことであつた。

戦時下に軍人が氏神神社にお参りして、武運長久を祈り、送り出される事例は半ば慣例といへようが、特攻隊員が出撃にあたり、特定神社に参拝する事例の有無を筆者は寡聞《かぶん》にして知らない。

以下、きむら氏の研究成果にも導かれながら、宮崎神宮にお参りした特攻隊員の「戦争の記録」を見ていきたい。

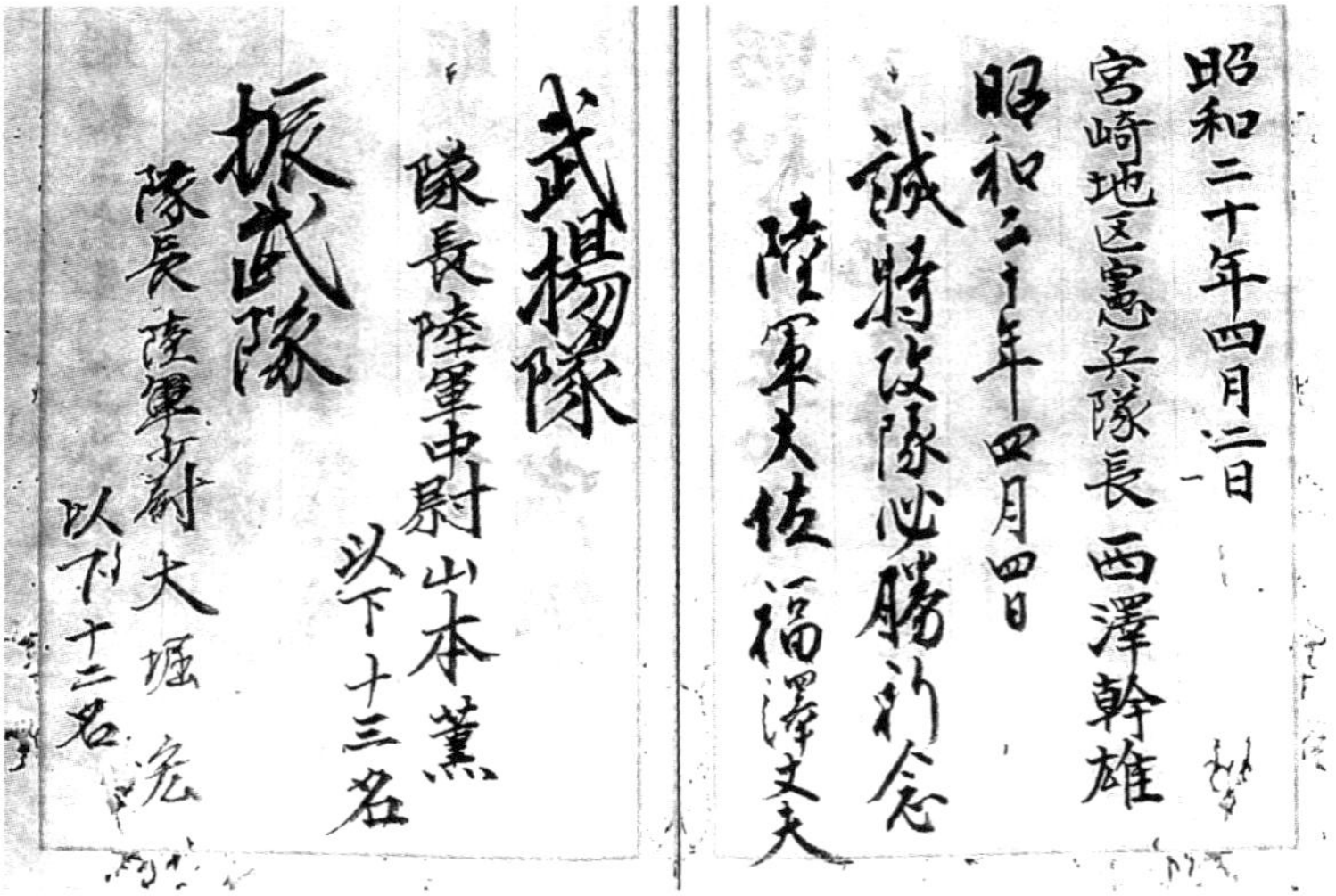

昭和二十年四月二日
宮崎地区憲兵隊長 西澤幹雄
昭和二十年四月四日
誠特攻隊必勝祈念
陸軍大佐 福澤丈夫
武揚隊
隊長陸軍中尉 山本薫
以下十三名
振武隊
隊長陸軍少尉 大堀 宏
以下十二名

「宮崎神宮参拝者芳名録」（自・昭和19年～至・昭和22年）

宮崎神宮参拝

きむらけん氏の問ひは、事が特攻隊員の話であつたので、ずつと気にかかつてゐた。

そこで数日後、昭和二十年当時の「宮崎神宮参拝帳録」に名前が遺されてゐるのではと思つて書庫を調べたところ、少し虫喰ひ状態になつてはゐるものの、確かに当日の参拝記録は存在した。

そこには、

昭和二十年四月四日
誠特攻隊必勝祈念
陸軍大佐　福澤丈夫
武揚隊

隊長陸軍中尉　山本薫
以下十三名
振武隊
隊長陸軍少尉　大堀宏
以下十二名

と雄渾鮮やかに墨書してある。

この記帳から、きむら氏が尋ねられた通り、宮崎神宮に特攻隊員が正式参拝してゐたことは事実であり、「誠隊」(三一飛行隊)、「武揚《ぶよう》隊」と「振武《しんぶ》隊」の二十五名ほどの隊員達が参拝したことがわかつた。

さらに確認するために「宮崎神宮日誌」も紐解いたところ、同年四月四日、「新田原兵廠ヨリ午後二時特攻隊参拝旨電話アリ」「午後二時四十分新田原分廠長鈴木中佐神武特別攻撃隊ヲ先導大前ニ奉告参拝終了後貴賓室ニ於テ壮行会執リ行フ」との記事も確認出来た。

この日誌の存在によつて、参拝当日の詳細な様子も浮かび上がつて来た。つまり特攻隊員の参拝は、当日の午前中に電話依頼があつたもので、その先導役になつたのは新田原分廠《ぶんしょう》長鈴木一中佐であつたといふことである。そして社務所貴賓室にて壮行会まで執り行つてゐる。

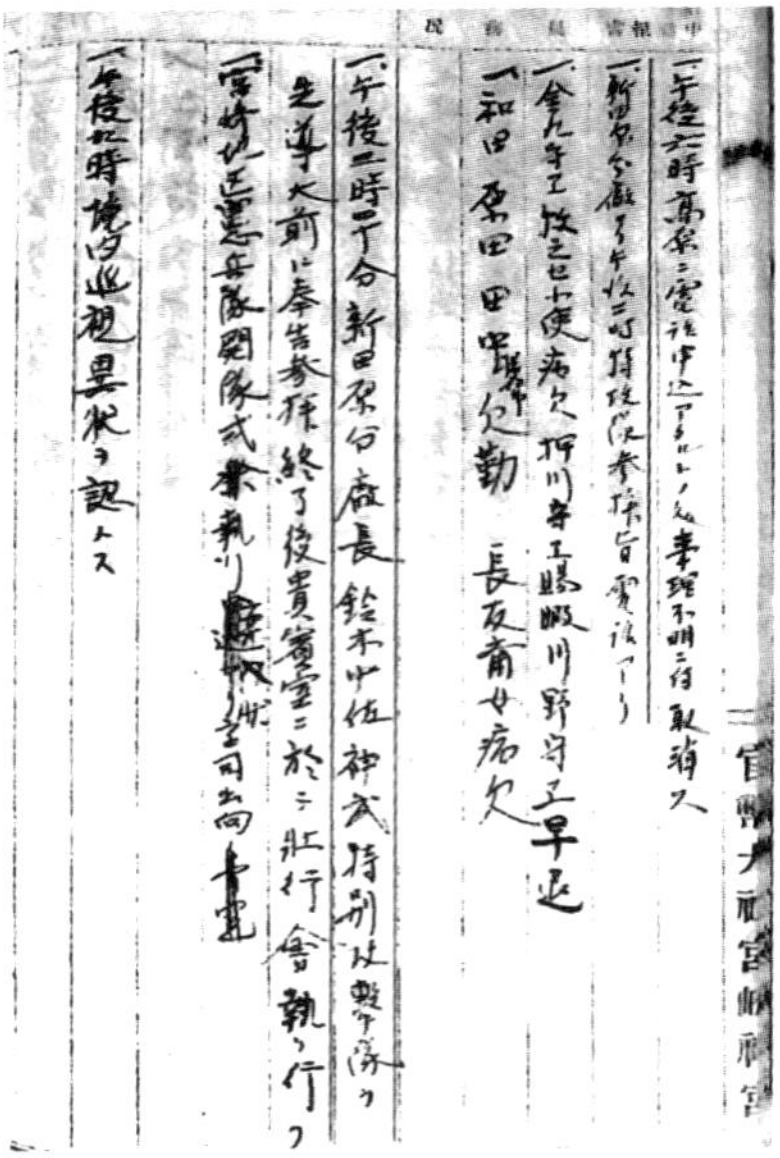

「宮崎神宮日誌」（自・昭和20年４月４日）

当時の宮崎神宮宮司は片岡常男であつたが、生きてゐながら既に「神」とされた特攻隊員達を前にして何を語つたのであらうか。宮崎神宮のご祭神は神日本磐余彦天皇であるが、後に神武天皇となられる初代天皇の、所謂「神武東征」の艱難辛苦と激動の時局とを重ね合はせて、神国日本の聖戦完遂を雄々しく説いたのではないかと思ふ。そして、死を覚悟した者への送別の言葉に悲哀を感じさせてはならないと考へ、勇ましく送り出したことであらう。ただ心では慟哭し、武運長久を祈るしかなかつた自身の無力さを虚しく感じたかも知れない。

とまれ、きむら氏によると、「新田原に来ている特攻兵は皆宮崎神宮に参拝している。日本の神々に別れを告げて、これを最後としたのかもしれない」とのことである（『忘れられた特攻隊――信州松本から宮崎新田原出撃を追って――』）。

尚、宮崎神宮への特攻隊員参拝については、昭和十九年暮れの昼下がりに、国民服姿の屈強な若者たち二十名が参拝したとする柳本見一の、『激動二十年』での記録がある。確かに「参拝記帳簿」に、「八紘隊」（十二月九日、同十六日）、また満州の「玄武隊《げんぶ》」（同十六日）の参拝記録が遺されてゐる。また、同二十年三月二十九日付「日向日日新聞」には、宮崎国民学校の滑空生（少年飛行兵）の参拝予定記事が出てゐる。

そして、何一つ記録は残つてゐないが、必ず参拝したであらうと筆者が確信する人に、神風特別攻撃隊第三銀河隊少尉の河合達視《さとみ》がゐる。といふのも、彼こそは昭和十一年十二月から同十九年九月まで宮崎神宮宮司を務めた河合繁樹の子息であつたからだ。河合少尉は同二十年四月三日、宮崎基地（宮崎市赤江）を飛び立ち沖縄南方艦船を攻撃、見事に特攻戦死されたのだつた。父繁樹が長年に亘り奉仕した宮崎神宮神前にて、懸命に祈つたであらう少尉の姿を想像すると胸が痛む。

宮崎神宮を取り巻く一つの悲話として、ここに銘記しておきたい。

参拝当日の記録

さて、宮崎神宮での記録以外にも、当日の様子を具に書き遺した人物がゐた。

一人は前述の参拝記帳（四月四日）に名が見られる陸軍大佐福澤丈夫（参謀）である。教育後方主任参謀として各飛行場を巡回視し、飛行機の高度分散施設について地上勤務部隊を指導監督する任務を担つた人である（福澤大佐聴取記録「25FBの状況」）。

福澤の「新田原方面8FDの沖縄特攻」（『陸軍航空の鎮魂』所収）によると、

三月三十日航空特攻戦法の教育終了後、全員は別格官幣《ママ》社宮崎神社へ参拝して、特攻の必勝祈願した。宮司さんの特別の計らいで正式参拝を行ない、祈願の式典も荘重を極め、隊員一同の玉串奉てんで式を終了した。式後宮司さんのご好意で特攻隊員のため壮行の宴を催され、歓送の辞に次いで豪華な酒こうの供応を受けた。隊員一同この参拝によって多大の感銘を受け、いよいよ必勝の信念を固めたように見受けたのであった。

といふ。

ただ注意すべきは参拝日が三月三十日となつてゐることだ。この記述が確かならば福澤大佐は四月四日参拝を含め二度お参りしたこととなる。残念ながらこの記述については、宮崎神宮の参拝記帳や日誌においても確認することが出来なかつた。

そして、宮崎神宮参拝の目的と思はれる末尾の、「いよいよ必勝の信念を固めたように見受けた」との言葉は重い。死を前提にした特攻隊員が、その最後に心を寄せる場所が、日本の原風景としての神社であつたことは、日本人の精神思想の核なるものが那辺《なへん》にあるかを示してゐると思ふ。

もう一人は、飛行第一〇八戦隊の菱沼俊雄大尉である。この人は特攻機を戦場上空まで誘導し援護する操縦士であつた。

菱沼は「特攻隊の裏方」（会報『特攻』第４６号）に次のやうに記録してゐる。

四日午後、誠三十一、武揚隊の一同とともに分廠の大型バスで宮崎神宮に参拝し、古式にのっとって出陣式をおこなった。隊長の山本薫中尉（陸士五十六期）以下特攻隊員と、福沢参謀、鈴木中佐（新田原飛行場司令官）、古川戦隊長らが神前にならび、土器で御神酒をいただき、スルメや昆布、神苑のミカンをそなえ、神官のおはらいをうけ、心から必勝を祈願したのである。そのおり、社務所そばの庭で婦人たちが竹槍の稽古をしているのをみたとき、いよいよ本土決戦のせまったことをひしひしと感じたのであった。

この記事は見た通り、前述した宮崎神宮参拝記帳、日誌とほぼ符合してゐる。また参拝した際に、境内で婦人会の人達が竹槍の稽古をしてゐたともいふが、この点は当時の「日向日日新聞」（昭和二十年四月四日付）でも確認出来る。つまり、宮崎市神宮町区会では、沖縄戦後に訪れるであらう本土決戦に備へて、自発的に三日より六日までの四日間、竹槍訓練を宮崎神宮西神苑において実施してゐたのである。たまたまその訓練中の婦人方を横目に見ながら参拝に向かつたのであらう。数多くの特攻隊員を見送つて来た菱沼の描写力は確かである。

山本薫中尉の戦死

ところで、菱沼俊雄飛行将校が記録した特攻隊員のなかで、武揚隊隊長陸軍中尉山本薫（戦死後、二階級特進して「少佐」）は特別の存在であつた。なぜならば、山本とは陸士五十六期の同期生であるからだ。

山本中尉は徳島県小松島市松島町出身。旧制徳島中学を卒業し陸軍士官学校に五十六期生として入学、二年後に陸軍航空士官学校で操縦士としての技術を身につけた。

菱沼の「飛行第一〇八戦隊激闘記」や「特攻の翼　沖縄の空に燃えつきたり！」等を参照しながら、山本中尉の宮崎神宮参拝以降の足取りを追ふことが出来る。

参拝翌日の四月五日午前九時には、福澤参謀や戦隊長の見送りを受けて山本隊は新田原を離陸し、韓国済州島に向かふ。そして七日杭州（現中国浙江省）に前進し、十一日午後四時に杭州の筧橋基地を出発してゐる。ところが、山本機は途中整備不良により引き返し、翌十二

「必沈」の決意を尾翼に描く山本薫中尉

日午前六時、再度出発準備するも敵機の来襲を受けて戦闘機が破壊されてしまつた。

しかしながら山本中尉の意志は固く、すぐに僚機に乗り換へて一路台湾に向かつたのである。だが途中敵艦載機と遭遇、哀れ三機は敵機グラマンの餌食となつて、山本機は与那国島附近に不時着するといふ惨澹たる結果を招いてしまつたのだ。このグラマンの餌食となつた部下の死は、山本中尉を苦しめた。遺書に「途中死んだ部下もあります」（後述「遺書」）と綴つてゐる。そのやうな深い悲しみを背負つてなほ、祖国の勝利を信じ飛び立つた。山本大尉以下生存者等が漸くにして台湾入りを果たしたのは一週間後のことといふから、四月二十日過ぎであらうか。

中尉は八塊陸軍飛行場（現台湾桃園の南）に

待機して出撃を待つた。そしていよいよ五月十三日に運命の日はやつて来た。「武揚隊山本中尉以下五名、各機搭乗。ただいまより出発。沖縄周辺の敵艦船をもとめて攻撃いたします」と出撃申告をした後、恩賜《おんし》の酒を酌み交はして機上の人となつた。

この際に、鈴木中尉と菱沼俊雄飛行将校が山本中尉の最後を見送つてゐる。「おれたちもすぐに行くぞ!」といふ二人に対して、中尉は「五十六期がみんな死んだらどうなる、貴様たちは最後まで生きぬいてがんばってくれ!」と言ひ遺したといふ。尚、中尉は遺書を菱沼飛行将校に託した。「徳島の二〇世紀　特攻隊員の遺書」からそれを紹介しておかう。

愈々　晴れの特攻隊長として出撃。
途中死んだ部下もあります。
その仇討ち。
近頃、つくづく死ぬは悲しむことにあらず。
悠久の大義とは何かといふ事を悟り喜んで死ねます。
修養はむつかしいものですね。
薫も今やつと完全な人間となることができました。

薫より

母上様

かくして山本薫中尉は、見事敵艦に突撃して沖縄の海に散華《さんげ》された。大正十一年四月十六日生まれの享年二十三歳であつた。

一つの戦史

昭和二十年四月四日に宮崎神宮を正式参拝した特攻隊員のうち、武揚隊隊長山本薫中尉の動向は唯一はつきりしてゐる。

この一回のお参りの様子が詳らかとなつたのは、偏に、記帳した本人の筆に拠るが、その参拝を職責を全うし日誌に書き留めた宮崎神宮神職の記録にも拠る。また、その記録の想ひが一番強かつたのは、陸士同期の菱沼俊雄大尉であることは疑ふ余地はない。菱沼は戦後、徳島の山本家を訪れその最期の報告も行つてゐる。

そして戦後七十年を目前にした昨年、きむら氏はその事実も加へて前掲『忘れられた特攻隊』に纏められた。筆者との面談話も記述され、次のやうに総括してあつた。「歳月は人を待たず、その覚えは年々老い衰えて、記憶からも消え失せようとしている。せめてもの思いとして、これをここに記録するものである」と。

もし、きむら氏の来宮や面談がなかつたならば、山本中尉の記帳にも気付かず、そのまま見過ごしてゐたことであらう。僅か三行の記帳文字ではあるが、そこには一つの戦史が確かに存在してゐたのである。記帳からだけでは決して分からなかつた一人の特攻隊員の歩みが、研究者資料と神社資料の合致によつて、真実として鮮やかに甦つた感を抱くのである。

昭和二十年四月四日に参拝した山本薫中尉は、その一度きりのお参りにあたり、全身全霊をかけて神国日本の必勝を祈り、そして雄渾なる文字を墨書した。約七十年振りに日の目を見た文字ではあつたが、時の経過が尚さらに文字に深みを与へてゐる。生きることへの未練を断ち切つた人の覚悟の一筆である。中尉はいのちの祈りを遺して悠久の大義に生きたのである。

ここに、一人の人間の生き様を「戦争の記録」として書き留めておくと共に、終戦七十年にあたり、祖国に殉じた英霊に対し、感謝の誠を捧げたい。

秋月左都夫と吉田茂の終戦工作

はじめに

秋月左都夫
安政５年（1858）～ 昭和20年（1945）

宮崎出身の外交官と言へば小村寿太郎が第一に挙げられるが、これに次いで名を残した人に秋月左都夫《さつお》がゐる。ところで、黒木勇吉の『秋月左都夫——その生涯と文藻』などによると、昭和二十年四月前後、秋月は吉田茂や小沢治三郎《じざぶろう》らと共に、英国を仲介とする、大東亜戦争の「終戦工作」を決行しようとしたといふ。残念ながら実現するには至らなかつたが、大変に興味深い話である。

終戦工作と簡単にいふが、これがどれほど困難で命懸けの仕事であつたかは想像するに難くない。本土決戦も辞さず、徹底交戦を主張する軍事優先の戦争末期、軍部はもとより政府も国民も理性を失ひつつあつた。このやうななか、如何なる方策を駆使して和平に持ち込もうといふのか。

そこで本論は、秋月左都夫の大東亜戦争終戦工作について検証、考察したい。時あたかも終戦七十周年（平成二十七年）であり、それは秋月の歿後の年数とも重なる。この年にあたり秋月らの終戦工作の苦労を知り回顧することは、意義あることと思はれる。

ただ、本論で紹介する終戦工作を含め様々な動きが存在してゐたことが既に明らかとなつてゐる。例へば、「高松宮宣仁《のぶひと》親王論――皇族としての終戦工作の行動原理」、『主戦か講和か――帝国陸軍の秘密終戦工作』、『日本海軍の終戦工作――アジア太平洋戦争の再検証』、『終戦工作の記録〈上〉』等に紹介されてゐる終戦工作である。これらに登場する人々に比して秋月の終戦工作は洵に微力であつたとは思ふが、それでもなほ論じる理由は、その当事者の一人に吉田茂が絡んでゐるからである。以下、吉田の回想から紐解いてみたい。

吉田茂の『回想十年』

戦後の混乱期に首相を務め、今日日本の礎を築いた一人に吉田茂がゐる。その吉田の回顧録『回想十年』（第一巻）に、「実を結ばなかつた早期和平」といふ章があつて、その中に「秋月翁の奇策」といふ文章が掲載されてゐる。少し長くなるが、その該当箇所を引用しておかう。

この和平工作で、私が人から働きかけられたこともある。外務省の古い先輩に秋月左都夫という人がいた。牧野伯の義妹が嫁いでいるので、私ともいさゝか縁つゞきなわけだ。終戦の年の四月のある日、この翁から電話があって、一寸相談したいことがあるから来いという。世田谷・豪徳寺の秋月邸を訪ねたところ、翁は病気で寝ていたが、『いま海軍部内で英国を通じて和平交渉を進めることを計画しているが、これに当るのには、君をおいて他にない。早い方が良いと思うが、どうだ』という。翁は時折り夢のようなことを考える人であった。私は四面敵に囲まれているのに、どうして国を出るかと問うと、潜水艦で行けばよいという。潜水艦も良いが、油の補給など何処でどうしてやるのかとさらに聞きかえすと、万事は軍令部の小沢が心得ているはずだから、詳しいことは小沢に聞け。途中で死んだって良いじゃないかという。随分乱暴な話だ。

私は早速大本営に小沢軍令部次長を訪ね、翁の話をしたところ、そんな計画はないとにべもない返事である。翁が私を擔いだとは思わない。問題になるのを警戒しての返事であろうと考えたから、それなら私は大磯の自宅へ帰るから、このことを秋月翁に伝えておいて貰いたいといって、さっさと帰ってきた。私が憲兵隊に連行されたのはその翌日であった。

この回想の要諦《ようてい》は、外務省の古い先輩の秋月左都夫から終戦工作を働きかけられたといふ点にある。そして日本帝国海軍に英国を通じた終戦工作が存在するとして、吉田に潜水艦を使つて渡英しろと命じ、詳細については大本営の「小沢軍令部次長」を訪ねろといふ。それに従ひ小沢と面談したが、「そんな計画はないとにべもない返事」であつたといふから、この記述の内容が事実とするならば、話を持ちかけられた吉田にとつては迷惑千万なことである。

事実回想録の記事は、どこか冷ややかな感じがする。そればかりか、採り方によつては、吉田が憲兵に連行された原因に、秋月もしくは、「小沢軍令部次長」が関係してゐるのでは、と勘繰つてゐるやうでもある。

何故に吉田は、いへば徒労に終はつたこの話を書き残したのであらうか。終戦直後日本の舵取り役を担ひ、通算七年の長きに亘り首相を務めた吉田が残した言葉だけに、単なる「奇策」とだけで片づけてしまふわけにはいかない。

秋月左都夫と吉田茂との関係

吉田茂のいふやうな「奇策」が実際に存在してゐたかを知る前に、先づは、吉田が和平工作を働きかけられたとする外務省の古い先輩、秋月左都夫とは如何なる人物で、吉田とどのやうな関係を有してゐたかを知ることが求められる。

秋月は安政五年（一八五八）宮崎県児湯郡高鍋町に生まれた。元々は高鍋藩（三万石）の家老職の名家出身で、藩主秋月家とは縁戚関係にあたる。明治十七年には司法省法学校（明治十八年に東京帝国大学と合併）を卒業してゐる。同期には後に平民宰相として政党内閣をつくる原敬《たかし》、ジャーナリストの陸羯南《くがかつなん》などがゐたといふ。

フランス、ロシア公使館の書記官を経て、同四十一年にベルギー公使、四十四年にはオーストリア大使にも任じられてゐる。

司馬遼太郎の代表作『坂の上の雲』にも、日露戦争勝利の立役者となつた明石元二郎《もとじろう》大佐（後の大将）のよき理解者として、当時ロシア公使館の書記官をしてゐた秋月が登場してゐる。明石は日露戦争の諜報活動で名を馳せた人で、秋月が所謂「明石工作」にどのやうに関与したかはわからない。ただ明石の手帳には、「別蘇城呈秋月公使　友愛情深忘故郷」云々といふ漢詩が遺されてゐる（「明石元二郎文書」）。

また第一次世界大戦のベルサイユ条約を結んだ「パリ講和会議」では、日本全権団の顧問として加はつた。首席全権を務めた西園寺公望《きんもち》、全権の牧野伸顕との親交や、オーストリア駐在大使の経験を買はれてのものであつた。この全権団には、後の首相となる近衛文麿、吉田茂、芦田均《ひとし》、また外務大臣となる松岡洋右《ようすけ》、重光葵《まもる》など錚々たる人士が名を連ねた。

ところで、秋月をベルギー公使に任命したのは郷土の先輩で、明治四十一年に再び外務大臣に就任した小村寿太郎であつた。

秋月は小村外相より学んだ点が多々あつたやうで、「日本固有の立法精神」を大臣は生涯忘れなかつたとして、「近世日本第一の外交家」と高く評価してゐる（「京城日報」大正十一年七月九日付「西門雑話」）。そして退官後は宮内省御用係を拝命（大正四年）、さらには讀賣新聞社社長（同六年）、京城《けいじょう》日報社社長（同十年）を務めたことでも知られてゐる。

とりわけ讀賣新聞社社長の時代には、シベリア出兵問題で反対の論陣を張り決してその主張を曲げなかつた。また、「国民新聞」の徳富蘇峰の論説をそのまま掲載して世間を驚かせたこともあつた。ライバル社の論説を転載するなど今では考へられない話ではあるが、本人は何ら悪びれた風もなく振る舞つてゐたといふ。河瀬蘇北《そほく》は、その威風堂々振りを見て、

「争ふ可らざる或る種の権威が含まれて居た」と賞賛してゐる（『現代之人物観無遠慮に申上候』）。

吉田との関係は、昭和天皇のご信任も厚かつた牧野伸顕伯爵との繋がりに拠る。牧野は大久保利通の次男であるが、その妻峰子は、「土木県令」「鬼県令」との異名を採つた三島通庸《みちつね》の次女である。そして吉田は、牧野の娘雪子を娶つてゐる。一方秋月は、牧野夫人の姉園子（三島通庸の長女）を妻としてゐるから、つまり、牧野は吉田にとつては義父であつて、秋月からみたら義弟といふ姻戚関係に両者はあつた。吉田のいふ「牧野伯の義妹が嫁いでいるので、私ともいさゝか縁つゞきなわけだ」とは、さういふ関係を述べてゐる。ただ「義妹」の箇所は「義姉」の誤植か、吉田の勘違ひと思はれる。

このやうに二人は、冒頭触れたやうに、第一次世界大戦のパリ平和会議では日本全権団に加はり、また牧野伯爵を通じた親戚関係にあつた。二人共に外交官であつて、いへば世界情勢にも明るく、近代国家日本を築いた明治の元勲大久保利通に繋がる家柄でもある。激烈を極めた大戦末期にあつて、戦局をただ見つめて手を拱いてゐたとは到底考へられない。

ちなみに秋月家は九州では菊池一族と並ぶ勤王家でもある。その点は、終戦工作のなかで秋月が「天壌無窮の皇室を動かされてはならぬ」（「休戦の申し込みに就いて」）との言葉を遺してゐることからも十分に頷ける。

終戦工作計画をどこまで具体的に行つたかは定かではないが、実践したことを前提として、以下、論を進めていきたい。

秋月と吉田の終戦工作の動向

吉田茂の回想録では、昭和二十年四月に吉田は秋月左都夫に呼び出され、英国を通じた和平交渉を打ち明けられたとする。実際に秋月が英国を仲介しての和平交渉を真剣に考へてゐたことは事実であつて、彼の遺稿によつて確認出来る。

「大戦終結に自ら『仲裁役』」では、明治天皇が日露戦争時に詠まれた「四方の海みなはらからと思ふ世になど波風の立ちさわぐらむ」を掲げて、昭和天皇が一日も早い平和回復を望まれてゐたことを主張してゐる。また、「講和交渉の相手は英国」では、英国内の状況を分析し論じ、日本の国体を理解するのは英国以外にないとする。そして米国には日本の国体廃止を主張する者がゐることから、話はまとまらないだらうが、英国は、日本人が何故に国体護持に固執してゐるかが理解出来るとして、同じ立憲君主制を採る英国に信頼を寄せるのであつた。

さらには「英国の変幻自在」では、アメリカはもはやモンロー主義ではなく帝国主義であると述べ、このアメリカとの戦争については、「専ら戦を避け時機を待つべきであった」と後悔してゐる。そして英国を通じた休戦の申し込みを速やかにすべきであると訴へるのであつた。

ちなみにこれらの小論は、秋月の長男捷五が昭和四十年に急逝した後に、その美代子未亡人が同家の筐底《かごそこ》に蔵されてゐた秋月の未発表資料を発見、黒木勇吉が前掲『秋月左都夫』に掲載したものである。

一方、吉田の戦時下における孤独な終戦工作については、保阪正康の『吉田茂という逆説』に詳しい。

この時期吉田は、天皇陛下が従来対米英協調論者であることが世界に伝はることを望んでゐた。当時の駐日アメリカ大使ジョセフ・グルーや、駐日イギリス大使ロバート・クレーギー等を通じて、各々の国の政策集団内部に天皇陛下のそのご意向が正確に伝はることを意図して動いた。実際に駐日アメリカ大使グルーは、昭和十九年十二月に国務次官に再任されると、「日本人の面目を重んじて降伏を可能とするため、天皇制の容認を含む処遇を示すべき」と米国内にあつて訴へてゐる（「昭和時代」〈第４部敗戦・占領・独立〉「讀賣新聞」平成二十六年三月十五日付）。

そして、国内にあつて吉田が終戦工作を働きかけた人物は、近衛文麿元首相や内大臣木戸幸一、軍部では宇垣一成や皇道派の真崎甚三郎等があつた。何れも統制派の東条英機等の戦争遂行指導者とは一線を画してゐた点に、保阪がいふやうに吉田の終戦工作の「一定の限界」があつたのだ。

とはいふものの、吉田は早期和平の必要性を戦争当初から痛感してゐたのである。具体的には、昭和十七年二月のシンガポール陥落の際には、国民世論が歓喜するなかにも冷静にその後の戦局を分析、早期終戦を説いた。そして近衛文麿をスイスに派遣すべく画策したが(「近衛文麿宛吉田茂意見書」・『木戸日記』収録)、戦勝に沸く当時の日本において、その進言が受け入れられる筈もなかつた。同十八年春頃にかけては、小林躋造《せいぞう》海軍大将と交渉し小林内閣をつくらうとしたり、同十九年三月には、元首相若槻礼次郎に書簡を出して協力を呼びかけてもゐる(『終戦工作の記録〈上〉』)。

このやうな終戦機会を窺ふ吉田の奮闘振りを、秋月が知らないはずはない。二人の終戦工作は、海軍を中心とするなど共通点も多く、秋月の求めに応じて吉田が翁の自宅を訪問し、意見交換をしてゐたとしても何ら怪しむことではない。

秋月左都夫と小沢治三郎

吉田茂と秋月左都夫の当時の動向から、二人の終戦工作の意図や内容が確認出来た。

ただこの終戦工作にはもう一人のキーパーソンがゐることが吉田の回想録から窺へる。つまり、秋月が具体的な作戦を知らせてあるといふ大本営の「小沢軍令部次長」のことである。

この小沢軍令部次長とは、最後の連合艦隊司令長官を務めた小沢治三郎（海軍中将）のことである。日本海軍が大敗北を喫したマリアナ沖海戦（昭和十九年六月十九日〜二十日）では、戦艦「大鳳《たいほう》」に搭乗し指揮を執るも撃沈されてしまふ。「俺はこのまま沈むよ」と、死を覚悟するが重巡洋艦「羽黒」に無理やり移乗させられて、図らずも生きながらへてしまつた。

またレイテ沖海戦（同十九年十月二十四日）では囮艦《おとりかん》となつて、アメリカの機動艦隊を引きつ

小沢治三郎
明治19年（1886）〜 昭和41年（1966）

ける決死の任務を担ふも、レイテ沖に突入予定の栗田艦隊（栗田健男中将）が途中反転するといふ悲劇に見舞はれて作戦失敗に終つた。この栗田中将が北方変針を決意した理由については未だ謎とされてゐるが、小沢が栗田中将に援軍要請の打電をしたといふ疑惑については小沢自身が明確に否定してゐる（「週刊サンケイ」昭和五十年八月二十八日号）。なほ、昭和五十六年に上映された

東宝製作「連合艦隊」（監督・松林宗恵）では、俳優丹波哲郎が小沢を演じ大ヒット作となつた。

一方、中曽根康弘元首相のご意見番ともいはれた参謀瀬島龍三は、昭和二十年七月、満州に転任になつた際に小沢より短刀一振りを頂いたとして、さらに「最も尊敬申し上げ、最も思い出の深い古武士さながらの提督であり名将であった」（『提督小沢治三郎伝』）と綴つてゐる。古武士風で「鬼がわら」とあだ名されるほどに眼光鋭く巨漢であつたといふ。戦術家としても知られ、海軍では最後の切り札的存在でもあつた。

戦後は世田谷の陋居《ろうきょ》に籠もり、戦没者の慰霊祭参列の他はあまり人には会はず門を出ることもなかつた。その敗軍の将、兵を語らなかつた中将が、昭和二十七年四月に至り日本の主権回復が実現したことを受けて、「讀賣ウイークリー」（昭和二十七年四月二十七日号）の取材に応じた貴重な記録が残されてゐる。

そもそも小沢と秋月の両人は高鍋町出身で、中将の妻石蕗は秋月の姪にあたることから同郷の親戚といふ関係であつた。高鍋町は、秋月種茂など歴代藩主に名君を輩出してをり、敬神崇祖、勤王の気風を教へた藩校「明倫堂」の学風が強く、二人もその影響を受けて育つたことであらう。

また「讀賣ウイークリー」の記事によると、当時翁も中将も世田谷区に住んでゐた関係で、中将は頻繁に秋月と会ひ、話を聞かされ、説教されたと本人が述懐してゐる。そして秋月の性格については、宮内省御用掛を拝命した際に、昭和天皇に対して厳格なスパルタ式教育をしたためにクビになつたと、その気性の烈しさを綴つてゐる。さらには、秋月宅には、小沢が大本営勤務となつた昭和十九年十一月頃より、吉田茂、幣原喜重郎、古島一雄らがよく集まつてゐたと証言し、彼等が和平工作を秘かに進めてゐたことも知つてゐたといふ。

余談ではあるが、幣原喜重郎は吉田茂の前任首相（第四十四代）で、秋月の法科大学講師時代（明治二十五年）の教へ子でもある。一方古島一雄は、後の吉田内閣の「政治指南役」と喧伝された人で、玄洋社の頭山満らと共に中国の辛亥《しんがい》革命時に孫文を助けた。自由党総裁の鳩山一郎が公職追放となつた際には、後継総裁に擬された人で、戦後副総理となる緒方竹虎らにも通じた人であつた。緒方は小磯内閣の時代に国民政府の繆斌《みょうひん》を通じた終戦工作を画策したことでも知られてゐるが（「緒方竹虎談」・『永田町一番地』収録）、秋月もそれらのグループに間接的に繋がつてゐたといふことがわかる。

ちなみに秋月と頭山との関係は、秋月が執筆した「日支の関係」（「大亜細亜」昭和十四年七月号）に頭山がコメントを寄せてゐることからも窺へる。頭山は秋月を評して、外交界の大先輩である秋月翁は、「アマリ偉ラ過ギテ出世ナサレナカツタ」とし、「秋月翁ノ高邁ナル識見ニフレタルコトハ時局人ノ切実ナル要務ナリ」と、本紙熟読を勧めてゐる。

さて話を戻すが、昭和二十年四月に、吉田と小沢は実際に会つたやうである。この点については、吉田回想録とも一致する。そしてこの記事で最も重要なのが、縷々述べてきた秋月と吉田の終戦工作の一面を記録した次の記事である。

小沢記事と吉田回想録との乖離

二人は小沢治三郎の宿舎で面談した。

そして吉田茂は和平工作の急を説き、「自分が直接交渉に乗り出す」と語つたといふ。そして吉田が次のやうに訴へたといふのである。曰く、

あなたは軍の要職にある。あなたの力で、なんとか私のために飛行機一台を提供して私を英国まで送り届けて貰えないだろうか。いや、英本土までが困難ならどこでもいゝ。たゞ英国の勢力圏内にさえ下して貰えばいゝ。もちろん途中の危険は承知の上だ。乗るかそるかのバクチのようなものだが、内地にジッとしていたのでは結局ミスミス日本を破滅させるだけですからね……。

飛行機が無理なら潜水艦を出して貰えないでしょうか。私を搭乗人員としてでなくてもよい。一個の荷物として、あるいは荷物の中にくり込んでくれてもいいのです。そしして

英国圏内の何処かの海岸にほうり投げてくれればいいのです。私はそこから這いあがり捕虜になってもいゝからなんとか和平交渉をするところまでこぎつけたいと思う。私はその自信があります。

といふ驚くべきものであつた。

この中将の話では、「そんな計画はないとにべもない返事」であつたとする吉田回想録と大いに異なる。つまり回想録では、吉田が秋月翁より終戦工作を持ちかけられたとなつてゐたが、小沢証言では吉田がその中心となつて小沢に具体的な作戦を訴へてゐる。飛行機を提供してほしいといひそれが無理なら潜水艦を出してほしいと迫つてゐる。潜水艦を使ふ話は吉田の回想録とも共通してゐるが、これとて吉田本人が英国のどこでも良いから「ほうり投げてくれ」と懇願するのである。

この小沢証言は、極めて強い吉田の意志が感じられて、吉田回想録にあるやうな、秋月に働きかけられたから小沢に面談したといふ受身的な記述ではない。

なほ、この小沢証言が雑誌に掲載されたのは、前述した通り昭和二十七年四月のことで、同三十二年刊行の吉田回想録よりも五年早い。おそらく吉田は、この小沢証言の記事を読み内容を把握してゐたはずである。

小沢証言が事実だつたとした場合、何故に吉田はこの証言に訂正を加へなければならなかつたのか、といふ疑問はどうしても付きまとふ。小沢は吉田の命懸けの終戦工作を証言してゐるのであつて、決して揶揄《やゆ》してゐるわけでもない。当時首相であつた吉田にとつて政治的な障碍《しょうがい》にはならないと思はれるが、真逆な証言を残したのである。

吉田に具体的な話を聞かされた小沢は、実際問題として軍に内緒で飛行機を飛ばすことなど不可能と判断し、また潜水艦すらなくなりつつあつた状況を鑑み、「研究はしてみましょうが、とても望みはないですよ」と答へるしかなかつたと、当時の苦しい心境を吐露してゐる。

小沢中将と吉田茂の回想録には大きな齟齬《そご》があつたことは、どちらかが記憶違ひをしてゐるか捏造《ねつぞう》してゐるといふことにもならう。この点について筆者は、小沢証言の方に真実があるやうに思つてゐる。何故ならば、かつて山梨勝之進大将と宮崎勇海軍中佐等が大磯の吉田宅を訪問、小沢証言を基にした資料（水交会会長榎本隆一郎中将、山梨勝之進大将等が、小沢と一時間十五分にわたり面談、終戦工作の正確を期した資料を作成したといふ）を吉田本人に手交し事実確認をお願ひしてゐたからだ（『提督小沢治三郎伝』）。ところが、吉田はこの資料の真偽はおろか何も語らずに永眠してしまつたのだ。何故に吉田は黙して語らなかつたのか。その背景にはもう少し深い政治的な意味合ひが込められてゐたのではないか。

「近衛上奏文」の意味

その真実を知るには、当時の実際政治の動向に目を向けねばならない。その一つは、昭和二十年二月十四日に参内した近衛文麿元首相が、昭和天皇に自らの終戦に向けた意見を述べ提出した上奏文のことである。「敗戦は遺憾ながら最早必至になりと存じ候」から始まる本文は、衝撃的な内容となつてゐる。

近衛文麿　明治24年（1891）～昭和20年（1945）　（写真提供：国立国会図書館）

職業軍人の大部分は、中級以下の家庭出身者にして、その多くは共産的主張を受け入れやすき境遇にあり、又彼等は軍隊教育に於て、国体観念だけは徹底的に叩き込まれ居るをもつて、共産分子は国体と共産主義の両立論をもつて、彼等を引きずらんとしつつあるものに御座候。そもそも満州事変、支那事変を起し、こ

れを拡大してつひに大東亜戦争にまで導き来れるは、これは軍部内一味の意識的計画なりしこと、今や明瞭なりと存じ候

といひ、また、

昨今戦局の危急を告ぐるとともに、一億玉砕を叫ぶ声、次第に勢を加へつつありと存じ候。かかる主張をなす者は、いはゆる右翼者流なるも、背後よりこれを煽動しつつあるは、これによりて国内を混乱に陥れ、つひに革命の目的を達せんとする共産分子なりと睨み居り候

といつたものであつた。

この上奏文が天皇に提出された前日の二月十三日、平河町の吉田茂宅を近衛文麿は訪問したやうで、その際の模様は吉田の回想録にも記されてゐる。吉田は共産分子の暗躍が戦争の背景に存在してゐるとする近衛上奏文の内容を確認し、「夜のふけるまで語り合った」といふ。そして近衛上奏文の写しも取るが、これは吉田宅に潜入してゐた秘密部員（中野学校出身の軍曹で、当時陸軍省兵務局防衛課所属）によつて複写されてゐて、後の逮捕時に、近衛とは無

関係と主張する吉田に状況証拠として示された（『昭和憲兵史』）。

前述したやうに吉田の回想録では、吉田が小沢に面談した翌日に憲兵に連行されたこととなつてゐる。つまり、昭和二十年四月十四日に小沢と面談、翌十五日に逮捕されたといふことにならう。

従つて吉田連行の背景には小沢との面談が逮捕原因と思はれさうであるが、実際はさうではなかつた。事実は、この近衛の上奏文にこそ逮捕の直接的原因があることを、吉田本人が回想録に書き残してゐる。曰く、「多分前述の秋月翁の潜水艦の一件だろうと想像していた。ところが九段の憲兵隊での取調べは、秋月翁のことには一切触れない。『二月に近衛公が内奏した詳細な内容を貴殿は承知しているはずだから白状しろ』というもの」であつたのだ。

つまり秋月の終戦工作については、軍部や戦争指導者等は何の興味も示してゐなかつたといふことになる。

この真実を最も良く知る吉田は、それが故に、小沢が語つた突拍子もない終戦工作の話に訂正を加へたのではあるまいか。実際には、当時の吉田は近衛を動かしての終戦工作を成功に導くために、潜水艦を使つた秋月の工作を支持してゐるかのやうに、カムフラージュとして利用してゐたものと考へられる。いへば、小沢に語つたとされる吉田の潜水艦の話は、吉田の真意ではなく腹芸で、「秋月グループ」との終戦工作を表面上装ひながら、実際は、近

秋月邸を訪れた吉田茂（前列左から三人目）
（昭和34年５月17日　高鍋町・石井正敏氏所蔵）

衛等の所謂「宮中グループ」の終戦工作に賭けたといふ意味である。

もとよりその事は、秋月はともかくとしても、海軍に籍のある小沢は知る由はなかつたので、ありのままを「讀賣ウイークリー」に語つたといふことが真相であらうと考へられる。

秋月工作の功績

以上、見てきたやうに秋月左都夫らの終戦工作は、結果的には何の成果も認められなかつたやうにも見える。

ただ、ドイツや朝鮮半島のやうに分断されることもなく共産主義革命も起きなかつた日本の現状を見た時に、欧米を中心とした世界秩序に平和を読みとつた秋月らの終戦工作は、戦後日本の進むべき道を示したといふ意味においては先見性があつたといへよう。

実際に日本は、本土決戦を主張する陸軍と、近衛文麿が危惧してゐたやうな共産主義者の策謀が蠢《うごめ》いてゐたことも事実である。

近衛が戦争責任を回避するために共産革命の陰謀にしてゐる（『評伝吉田茂』）、といつたやうな批判もあるが、終戦に向けた「共産主義国家構想」が存在してゐたことは、当時首相秘書官を務めてゐた松谷誠陸軍大佐の『大東亜戦争収拾の真相』にも少し触れられてゐる。また、戦争長期化の背景に共産主義者の暗躍があつたことは、三田村武夫の『大東亜戦争とスターリンの謀略——戦争と共産主義——』に詳しい。日本国体と共産主義が両立出来るとし、「米国の民主主義よりソ連流人民政府組織の方が復興できる」と、ソ連流の共産主義国家を目指す動きも存在したのである。敵国アメリカでさへも、「日本政府が共産主義者に降伏している」と見てゐたといふ（「産経新聞」平成二十五年八月一日付）。

このやうな情勢の中で、秋月らは終戦工作を実施した。洵に微力なものであつたが、その国を憂ふ心や世界情勢を見極める眼力は並々ならぬものがあつた。故に吉田茂は、小沢証言に訂正を加へつつも、細心の注意を払つて秋月の終戦工作の「戦後の意味」を書き残したものと思ふのである。

秋月左都夫の墓（吉田茂揮毫）

さて、結びにあたり三人の動静を記しておかう。

吉田は、四十日間余り留置されたが不起訴となつて五月末に釈放となつてゐる。小沢中将は、大本営勤務を終へて最後の連合艦隊司令長官として海上の人となつた。そして秋月は、吉田の釈放に安堵の色を浮かべたといふが、終戦の詔勅を聞くこともなく六月二十五日に死去してゐる。享年八十八歳であつた。

秋月の終戦工作の一員として名が挙がつた古島一雄は、その死を悼んで、「秋月翁の永眠惜みても尚余あり御永眠数日前虫の知らせか偶然病牀を訪ひしニ発音明ならず老眼只涙ある耳邦家危急之際此至誠の老人を失ひたるは同嘆奉存候」（外務省外交史料館別館吉田茂記念館蔵）と、吉田茂宛書簡に認めてゐる。

祖国の終戦工作に力及ばず、その運命すらも見届けることが出来なかつた秋月翁の無念は、「老眼只涙」といふ言葉に表白されてゐる。その無念を鎮めるべく、高鍋にある秋月の墓碑銘は吉田の揮毫による。秋月の功績を吉田は忘れることはなかつたのである。

【主要参考文献】

第一章　明治の黎明

寺田屋事件余話――大久保利武の詑言

豊田小八郎『田中河内介』（昭和十六年）
大久保家蔵版『大久保利通日記』上・下（昭和二年）
日本史籍協会編『野史台　日本史籍協会叢書』別稿十三・伝記四（昭和四十九年）
高島弥之助編『島津久光公』（昭和十二年）
小河一敏『王政復古義挙録』（昭和四十四年）
谷口武編『西郷南洲選集』上（昭和十八年）
児玉洋『詳細　細島伝承』（平成十七年）
甲斐勝編著『日向市の歴史』（昭和四十八年）
小高旭之『漂泊の志士北有馬太郎』（平成十三年）
三尾良次郎『「黒田の家臣」物語』（平成二十四年）
河野弘善『維新の礎』（平成八年）
海音寺潮五郎『幕末維新の男たち』上巻（昭和四十三年）

日向路の岩倉具視

『高城町史』（平成元年）
『稿本　都城市史』（平成元年）
『高岡町史』（昭和六十二年）
東京大学出版会編『岩倉具視関係文書・一』（昭和五十八年）
東京大学出版会編『木戸孝允日記・一』（昭和六十年）
甲斐勝編著『日向市の歴史』（昭和四十八年）
『大神神社史料・七』（昭和五十五年）
児玉洋『詳細　細島伝承』（平成十七年）
徳富猪一郎『岩倉具視公』（昭和七年）
大久保家蔵版『大久保利通日記・下巻』（昭和二年）
阪本健一『明治神道史の横顔』（平成二十八年）
阪本是丸『近代の神社神道』（平成十七年）

谷干城将軍の感涙――日記に見る宮崎所縁の人物との交流

宮崎神宮「神武天皇御降誕大祭綴」（明治三十二年）
谷干城『谷干城遺稿』上巻（大正元年）
宮崎神宮社報「みあかし」（昭和十八年十二月一日号）
黒江一郎『安井息軒』（昭和五十七年）
和田雅実『瓦全――息軒小伝』（平成十七年）
伴三千雄『贈従五位谷村計介伝』（大正十四年）
『谷村計介伝』（昭和五十三年）

児玉源太郎回顧録『熊本篭城談』（明治三十三年）
『瓜生野倉岡郷土誌』（昭和六十一年）
渡辺昇一監修『国民の終身』（平成二十四年）
『森鴎外集・二』（昭和五十二年）
小高旭之『漂泊の志士北有馬太郎』（平成十三年）

第二章　宮崎神宮信仰余滴

勤皇の志士財部實秋の生涯

『神武天皇論　宮崎神宮史』（昭和五十九年）
財部實秋編『都島集』
財部實秋『戊辰之役実録』三巻（「都城島津邸」所蔵）
『都城市史』史料編
『宮崎県嘉績誌』（平成十一年）
香川小次郎『都城前賢傳　完』（大正八年）
益田玉城『都城古今墨蹟集』（昭和二年）
『明治百年都城人物史』（昭和四十四年）
財部彪顕彰会編『いま甦る提督財部彪』（平成二年）
「宮崎神社日誌」（明治十年四月三十日付）
西南戦争（都城編）刊行会編『西南戦争（都城編）』（昭和五十三年）
東京大学史料編纂所蔵『内務省社寺局書類』
拙稿「戦艦『日向』と宮崎神宮」（『神道文化』所収　平二十九年六月三十日付）

「密偵」か教育者か――謎多き野村綱の生涯

日高重孝『明治見聞記』（昭和四十三年）
上村幸盛編『宮崎碑文志』（昭和十四年）
松尾宇一『日向郷土事典』（昭和五十五年）
『宮崎県五十年史』上巻（昭和九年）
綿谷雪『日本武芸小伝』（平成二十三年）
『宮崎県史』通史編近・現代1（平成十二年）
窪田志一『岩屋天狗と千年王国』上巻（昭和六十二年）
加治木常樹『薩南血涙史』（大正元年）
『宮崎市の回顧と展望』（昭和二十九年）
国龍会編『西南記傳』（昭和四十四年）
小寺鉄之助編『西南の役薩軍口供書』（昭和四十二年）
徳富蘇峰『近世日本国民史』第九十五巻（昭和三十七年）
『日本知事人名事典』第一巻　第二巻（平成二十四年）
發姓外骨『明治密偵史』（大正十五年）
阪本是丸『近代の神社神道』（平成十七年）
『鹿児島県議会史』第一巻（昭和四十六年）
「野村綱氏略伝」（「日州」明治三十九年五月二十日　同二十二日付）
鈴木馬左也翁伝記編纂会『鈴木馬左也』（昭和三十六年）
弦月同窓会『大宮高校百年史』（平成三年）

籾木郁朗「明治十年代の府県分合と有志者の活動」（『宮崎県総合博物館研究紀要』所収　平成十五年）

敬神の一石――五十年日参した俳人・杉田直

杉田作郎『日向俳壇史』（昭和五十七年）
杉田直編『宮崎県医師会五十年史』（昭和十五年）
杉田正臣編著『遺稿集』（昭和四十五年）
杉田正臣『父／暁天／瑛九』（平成十二年）
杉田正臣編『作郎自伝・年譜』（昭和四十七年）
俳句誌『層雲』（大正十五年一月号）
山口保明「杉田作郎と宮崎俳壇」（『宮崎県地方史研究紀要第九輯』所収　昭和五十八年）
みやざきの文学碑編集委員会編『みやざきの文学碑』（平成七年）
黒木晩石『古今宮崎史談』（昭和六十年）
「みあかし」（宮崎神宮　昭和十七年十月一日付）
黒岩龍彦『神武さま』（平成六年）
拙稿「宮崎の国学者　その名は野田丹彦」上・下（宮崎神宮「養正」所収　平成二十八年一月一日付・同年七月一日付）

第三章「祖国日向」の精神

アジア全土の炬とならん――満州に散った山田悌一を偲ぶ

佐伯仲蔵編『梅田雲浜遺稿並伝』（昭和四年）
野田美鴻『先師録――中道にして斃れた先師山田悌一先生伝』（昭和五十二年）
田中建之『靖国に祀られざる人々』（平成二十五年）
国龍会編『東亜先覚志士記伝』下巻（昭和四十九年）
嵯峨井建『満洲の神社興亡史』（平成十年）
『あゝ満州――国造り産業開発者の手記』（昭和四十年）
近藤喜博『海外神社の史的研究』（平成八年）
小笠原省三編述『海外神社史』上巻（昭和二十八年）
加藤武雄『日本人間美』（昭和十九年）
尚友倶楽部編『上原勇作日記』（平成二十三年）
財部彪顕彰会『いま甦る提督　財部彪』（平成三年）
結城吉之助「満洲に渡り・引き揚げるまで」（『平和の礎――海外引揚者が語り継ぐ労苦Ⅳ』所収　平成六年）
三堀幸一「満州生活体験記」
岡村善四郎「無条件降伏の陰で」（『平和の礎――海外引揚者が語り継ぐ労苦Ⅴ』所収　平成七年）
皿木喜久『紅陵に命燃ゆ』（平成二十三年）
葦津珍彦『大アジア主義と頭山満』（昭和四十七年）

波多野勝『満蒙独立運動』（平成十三年）
佐々博雄「大民団と国士舘」（『楓原』第2号所収　平成二十二年）
一坂太郎「梅田雲浜」（『事典にのらない日本史有名人の子ども』所収　平成十六年）
島川雅史「現人神と八紘一宇の思想」（立教大学史学会編『史苑』所収　昭和五十九年）
古澤敏雄『三河　その青春の碑』（昭和五十一年）
岩切章太郎『心配するな工夫せよ』（平成十六年）

夢野久作の「友人」・菊池秋四郎

菊池秋四郎『玄洋社社史』（大正六年）
菊池秋四郎『奉天二十年史』（昭和元年）
菊池秋四郎『三彌物語』（昭和九年）
菊池秋四郎『日本治国の大本天皇政治の概要』（昭和五年刊行）
菊池秋四郎「理解なき支那官吏」（『日満通信創刊第六周年記念特輯』所収　大正十五年）
菊池秋四郎「満蒙新国家の統制に就て」（昭和七年二月十一日付）
菊池秋四郎「漢民族の満蒙移民制限と日鮮農耕移民奨励策」（日付なし）
菊池秋四郎「宮崎県〈政友〉」（『普選第一次敗将の語らひ』所収　昭和三年）
菊池秋城「時事一束」（『黒白』大正七年十一月号所収）
秋城「玄洋社の今昔」（『日本及日本人』所収　大正二年九月十五日号）
近代史料出版会『玄洋社社史』（昭和五十二年）
杉山萠圓『外人の見たる日本及日本青年』（大正七年）
夢野久作『暗黒公使』（平成四年）
其日庵法螺丸稿「発刊の辞」（『黒白』創刊号　大正六年三月）
西原和海「亜細亜の風が吹く」（「日本読書新聞」所収　昭和五十三年五月二十九日付）
西原和海「夢野久作の初期作品」（『夢野久作著作集一』所収　平成八年）
『北方町史』（昭和四十七年）
『満洲紳士縉商録』（西原和海編『夢野久作著作集一』所収　平成八年）
『日本産業人名資料事典』2第5巻（平成十四年）
竹中憲一編『「満州」に渡った一万人』（平成二十四年）
『満州人名辞典（中巻）』（平成元年）
松田仙峡編『延岡地方著述家銘鑑』（昭和二十五年）
岡村敬二『戦前期中国東北部刊行日本語資料の書誌的研究』（平成二十一年）
寺沼とし子『わが思い出の記』（昭和四十二年）

金子堅太郎「伯爵金子堅太郎閣下御講述杉山茂丸を語る」（『民ヲ親ニス』所収　平成二十七年）
『延岡高校百年史』（平成十二年）
塩月眞『牧水の風景』（昭和六十年）
春原昭彦『日本新聞発展史』明治大正編（平成十五年）
九州大学「福岡都市圏近代文学文化年表」（明治四十五年大正一年）
『朝日新聞社史・大正・昭和戦前編』（平成三年）
石瀧豊美『増補版　玄洋社発掘』（平成九年）
財部一雄編『明道館史』（昭和五十九年）
杉山龍丸遍『夢野久作の日記』（昭和五十三年）
頭山統一『筑前玄洋社』（昭和五十二年）
葦津耕次郎『あし牙』（昭和十五年）
葦津珍彦『葦津耕次郎追想録』（昭和四十五年）
黒岩龍彦『一神道人の肖像――幡掛正木大人覚書き』（平成七年）
幡掛正浩『花　相似たるも』（昭和四十二年）
長谷川峻『山座圓次郎』（昭和四十二年）
野田美鴻『杉山茂丸傳』（平成四年）
由井濱権平『満州タイムス廃刊記念謝恩誌』（昭和十六年）
李相哲『満州における日本人経営新聞の歴史』（平成十二年）
高橋泰隆『昭和戦前期の農村と満州移民』（平成九年）
相川勝六『思い出ずるまま』（昭和四十七年）
木下半治『日本右翼の研究』（昭和五十六年）
松田仙峡『延岡先賢伝』（昭和三十一年）
雲嶺居士『日蓮は聖人か国賊か』（大正八年）
松岡幹夫『日蓮仏教の社会思想的展開』（平成十七年）
大谷栄一『近代日本の日蓮主義運動』（平成二十一年）
玉井日禮編『法華経は国運を左右する』（平成六年）
拙稿「頭山満の道統」（『神社新報』平成二十八年九月五日付）

米良の桜――平泉澄博士と菊池武夫男爵

平泉澄「米良の櫻」（『週刊朝日』昭和十七年四月十九日号所収）
平泉澄『天兵に敵なし』（昭和十八年）
平泉澄『菊池勤王史』（昭和五十二年）
菊池武夫『詔勅と日本精神』（昭和九年）
菊池武夫『日本精神と天皇機関説』（昭和十年）
西米良村役場編『菊池武夫伝』（昭和五十一年）
古里越野尾編集委員会編『古里越野尾』（昭和五十九年）
『西米良村史』（昭和四十八年）
菊池寛「話の屑籠」（『文藝春秋』昭和十三年一月号所収）

第四章　神武天皇の「二千六百年」

紀元二千六百年奉祝事業の先駆者
——君島清吉の政治思想と功績

歴代知事編纂会編『新編日本の歴代知事』（平成三年）
日外アソシエーツ『日本著名者・人名典拠録』（平成二十四年）
『新渡戸稲造全集第八巻』（昭和五十九年）
小林竜一「第一高等学校校長としての新渡戸稲造」（『社学研論集』一七号所収　平成二十三年）
君島清吉「『私の伝記』の一節」（『新渡戸博士追悼集』所収　昭和十一年）
君島清吉「最近に於ける小作争議」（『青年』大正十三年新年特別号所収）
君島清吉「選挙俎上の無産政党」（『斯民』昭和七年新年号所収）
君島清吉『労働問題教程』（昭和七年）
君島清吉『労働問題』（昭和三年）
君島清吉「国体労働法制概論」（『当面の社会政策』所収　昭和七年）
『太平洋戦争下の労働運動』（昭和四十年）
林博史『近代日本国家の労働者統合』（昭和六十一年）
群馬県『上毛古墳綜覧』（昭和十三年）
大霞会編『内務省史』第一巻　第三巻　第四巻（昭和四十六年）
百瀬孝『内務省』（平成十三年）
古川隆久『昭和戦中期の総合国策機関』（平成四年）
高橋彦博『戦間期日本の社会政策研究センター』（平成十三年）
亀井俊郎『金鶏学院の風景』（平成十五年）
相川勝六『思い出ずるまま』（昭和四十七年）
長谷川司「戦前地方博覧会における地域イメージの構築」（『総合政策研究』所収　平成二十一年）
阪本是丸「吉田茂」（『悠久』第三十号所収　昭和六十二年）
藤本頼生「内務官僚吉田茂の神社観」（『神社本庁教学研究所紀要』第十三号所収　平成二十年）
宮崎日日新聞社出版企画部編『宮崎の昭和史』（昭和五十年）
香川県議会史編さん委員会編『香川県会史』下巻（平成十七年）
四国新聞社編『讃岐人物風景〈13〉』（昭和六十年）
和泉生「東北漫歩」（『道路の改良』第二十一巻第十二号所収　昭和十四年）
『神武天皇御東遷記念二千六百年祭事業大要』（昭和九年）

『神武天皇御東遷記念二千六百年祭寄附者名簿』（昭和九年）
『陸軍特別大演習並地方行幸宮崎県記録　昭和十年』（昭和十四年）
松尾宇一『宮崎県五十年史』（昭和九年）
『宮崎市史』（昭和四十九年）
拙稿「紀元二千六百年奉祝事業の審議経過について――宮崎神宮への追加事業を中心に」（『神道宗教』第二二二・二二三号所収　平成二十三年）

北原白秋と八紘之基柱

『白秋全集』二十二巻　同補遺三十一巻　同三十九巻（昭和六十三年）
財団法人北原白秋生家保存会『近代日本の詩聖　北原白秋』（平成十六年）
木俣修『白秋研究』Ⅰ・Ⅱ（平成元年）
島田修二、田谷鋭『北原白秋』（昭和五十七年）
赤間水天『日向の聖跡巡歴の北原白秋』（昭和三十九年）
瀬戸内晴美『ここ過ぎて』（昭和五十九年）
『若山牧水全集』第十一巻（昭和三十四年）
『宮崎市史年表』（昭和四十九年）
『宮崎県史』通史編　近・現代２（平成十二年）
相川勝六『紀元二千六百年奉祝と県民の覚悟』（昭和十四年）
三又たかし『ある塔の物語』（平成十四年）
宮崎県立高等女学校校友紙『斯華』（第四十一号）
堀内良平『皇道と日蓮』（昭和十六年）
辻善之助『皇室と日本精神』（昭和十一年）
山中恒『ボクラ少国民』（昭和四十九年）
河野桐谷『高千穂問題と神武天皇聖蹟』（昭和十五年）
国柱会編『国柱会百年史』（昭和五十九年）
拙稿「『八紘之基柱』の建設を巡って」（『みやざき民俗』第六十三号所収　平成二十二年）

幻の壁画「海ゆかば」――中山正實画伯の鎮魂

中山正實『壁画「海ゆかば」考証』（昭和十九年）
中山正實「壁畫製作日記抄」（『凌霜』七一号所収　昭和十一年）
中山正實「壁畫の恒久性――フレスコと油彩壁畫について――」（昭和十一年二月号『みづゑ』第三七一号所収）
中山正實「口絵　海ゆかば」（『少年倶楽部』昭和十五年二月号所収）
中山正實「壁画奇談」（『凌霜』二四八号所収　昭和五十年）
中山正實「人生感意気」（『愛庵先生の横顔』所収　昭和四十一年）
『日本美術年鑑・昭和五十五年版』（昭和五十七年）

西田桐子「中山正實とその壁画制作について」(『兵庫県立美術館研究紀要』六七号所収　平成二十四二十五年)
野邑理栄子「幻の中山正實画伯壁画『海ゆかば』と『正義』『平和』」(『凌霜』四百号所収　平成二十六年)
石井義章「幻の壁画『海ゆかば』蘇る」(『凌霜』四百号所収　平成二十六年)
竹山昭子『その時ラジオは』(平成二十五年)
姉崎岩蔵「終戦時における海軍兵学校教育参考館の処理」(『海軍兵学校回想録』昭和六十年)
飯田嘉郎「海軍兵学校教育参考館の資料の行方について」(昭和四十五年)
家本秀太郎「人麻呂万葉秀歌と奈良大宇陀の里」(『凌霜』二五一号　昭和五十一年)
齋藤五百枝「口絵　海ゆかば水漬く屍」(『少年倶楽部』昭和二十年二月号所収)
出光佐三「偉大なる愛の人」(『愛庵先生の横顔』所収　昭和四十一年)
出光佐三『人間尊重五十年』(昭和三十七年)
竹本忠雄『いま日本の使命を問う』(平成十一年)
黒田泰三「美への寛容　出光コレクション」(『蒐集家・出光佐三のこころ』所収　平成十六年)

第五章　戦争悲話

二・二六事件と渋谷三郎

渋谷三郎「対岸蘇連邦の近情」(『学徒至誠会派遣団研究報告』第二編　昭和十一年)
渋谷晃「長男・渋谷晃氏の手記」(『世紀の自決』所収　平成三年版)
秩父宮を偲ぶ会編『秩父宮雍仁親王』(昭和四十五年)
満洲国国務院総務庁『臨時国勢調査報告』(康徳七年＝昭和十五年)
哈爾濱学院史編集室『哈爾濱学院史』(昭和六十二年)
芳地隆之『満州の情報基地ハルビン学院』(平成二十二年)
桑原聡「わが心の『王道楽土』哈爾濱学院の思い出」(『別冊正論』第十一号・平成二十一年七月号所収)
谷畑良三「哈爾濱学院長・渋谷三郎のこと」(『自由』平成十一年一月号所収)
杉尾壽澄「渋谷三郎ご夫妻を悼む」(佐土原地区郷土史同好会『まいづる』第二十三号所収　平成十九年)
佐藤挙男「学院校旗へのレクイエム」(『わが心の中のハルピンよいずこ』所収　平成八年)
高橋正衛『二・二六事件――「昭和維新」の思想と行動――』(昭和六十一)

内村剛介『独白の交錯』（昭和四十六年）
「証言でつづる戦争〈二・二六事件〉」（『毎日新聞』平成二十八年二月五日付）
「八紘一宇」の塔を考える会編『新編　石の証言――「八紘一宇」の塔「平和の塔」の真実――』（平成二十七年）
拙稿「二・二六事件と「八紘一宇」――道義性と政治性の分岐点――」（『昭和前期の神道と社会』平成二十八年）

戦争の記録――宮崎神宮に参拝した特攻隊員・山本薫中尉

きむらけん『忘れられた特攻隊』（平成二十六年）
「宮崎神宮参拝帳録」（昭和二十年四月四日付）
「宮崎神宮日誌」（昭和二十年四月四日付）
柳本見一『激動二十年』（昭和四十年）
渋川謙一『小論集』（平成二十年）
福澤丈夫　福澤大佐聴取記録「25ＦＢの状況」
福澤丈夫「新田原方面８ＦＤの沖縄特攻」（『陸軍航空の鎮魂』所収）
菱沼俊雄「特攻隊の裏方」（会報『特攻』第４６号　平成十三年二月付）
菱沼俊雄「飛行第一〇八戦隊激闘記」（『壮烈「重爆戦隊」炎の空に生きる』所収　平成三年）
菱沼俊雄「特攻の翼　沖縄の空に燃えつきたり！」（『丸』昭和五十三年十一月号所収）
松永薫編『知覧特別攻撃隊』（平成元年）
「徳島の二〇世紀　特攻隊員の遺書」
福田鉄文『宮崎の戦争遺跡』（平成二十二年）

秋月左都夫と吉田茂の終戦工作

黒木勇吉『秋月左都夫――その生涯と文藻』（昭和四十七年）
秋月左都夫「大戦終結に自ら『仲裁役』」
「講和交渉の相手は英国」「英国の変幻自在」「休戦の申し込みに就いて」（黒木勇吉『秋月左都夫』所収　昭和四十七年）
「西門雑話」（『京城日報』大正十一年七月九日付所収）
「小村候の憶ひ出」（『朝日新聞』昭和十六年十一月二十六日二十七日付所収）
「日支の関係」（『大亜細亜』昭和十四年七月号所収）
馬場明「秋月左都夫の牧野伸顕宛書簡」（『国学院大学大学院紀要』第二十一輯所収　平成元年三月）
古一念会『古島一雄』（昭和二十五年）
「明石元二郎文書」（国立国会図書館「憲政資料室」所蔵）
司馬遼太郎『坂の上の雲』全六巻（昭和四十三年～同四十七年）
河瀬蘇北『現代之人物観無遠慮に申上候』（大正六年）
吉田茂『回想十年』第一巻（昭和三十二年）
保阪正康の『吉田茂という逆説』（平成十二年）

保阪正康『瀬島龍三参謀の昭和史』（平成三年）
猪木正道『評伝吉田茂』（昭和五十六年）
大谷敬二郎『昭和憲兵史』（昭和四十一年）
提督小沢治三郎伝刊行会編『提督小沢治三郎伝』（昭和四十四年）
小沢治三郎談「讀賣ウィークリー」（昭和二十七年四月二十七日付）
小沢治三郎監修「小澤囮艦隊南下」（『大日本帝国始末記』第一輯所収　昭和二十四年）
「週刊現代」（昭和三十五年八月十四日号）
「週刊サンケイ」（昭和五十年八月二十八日号）
松谷誠『大東亜戦争収拾の真相』（昭和五十九年）
三田村武夫『大東亜戦争とスターリンの謀略』（昭和六十二年）
小堀桂一郎『宰相鈴木貫太郎』（昭和五十七年）
濱田英毅「高松宮宣仁親王論」（「学習院史学」四十四号所収　平成十八年）
山本智之『主戦か講和か』（平成二十五年）
纐纈厚『日本海軍の終戦工作』（平成八年）
江藤淳監修『終戦工作の記録〈上〉』（昭和六十一年）
『木戸日記』（昭和四十一年）
中村正吾『永田町一番地』（昭和二十一年）
和田雅実『志は高く』（平成十年）

【初出一覧】

第一章　明治の黎明

寺田屋事件余話――大久保利武の詫言　一般財団法人日本学協会編『日本』平成二十八年五月号所収

日向路の岩倉具視　公益財団法人西郷南洲顕彰会編『敬天愛人』平成二十九年九月二十四日付・第三十五号所収

谷干城将軍の感涙――日記に見る宮崎所縁の人物との交流　一般財団法人日本学協会編『日本』平成二十七年五月号所収

第二章　宮崎神宮信仰余滴

勤皇の志士財部實秋の生涯　宮崎神宮社報「養正」平成二十九年七月一日付・第一四九号所収

「密偵」か教育者か――謎多き野村綱の生涯　公益財団法人西郷南洲顕彰会編『敬天愛人』平成二十八年九月二十四日付・第三十四号所収

敬神の一石――五十年日参した俳人・杉田直　宮崎神宮社報「養正」平成二十七年一月一日付・第一四四号所収

第三章　「祖国日向」の精神

アジア全土の炬とならん――満州に散つた山田悌一を偲ぶ　宮崎民俗学会編『みやざき民俗』平成二十六年三月二十五日付・第六十六号所収

夢野久作の「友人」・菊池秋四郎　夢野久作と杉山3代研究会編『民ヲ親ニス』平成二十九年十一月二十日付・第五号所収

米良の桜――平泉澄博士と菊池武夫男爵　一般財団法人日本学協会編『日本』平成二十六年四月号所収

第四章　神武天皇の「二千六百年」

紀元二千六百年奉祝事業の先駆者――君島清吉の政治思想と功績　宮崎民俗学会編『みやざき民俗』平成二十五年三月二十五日付・第六十五号所収

北原白秋と八紘之基柱　宮崎民俗学会編『みやざき民俗』平成二十四年三月二十四日付・第六十四号所収

幻の壁画「海ゆかば」――中山正實画伯の鎮魂　宮崎神宮社報「養正」平成二十九年一月一日付・第一四八号所収

第五章　戦争悲話

二・二六事件と渋谷三郎　一般財団法人日本学協会編『日本』平成二十九年二月号所収

戦争の記録――宮崎神宮に参拝した特攻隊員・山本薫中尉　宮崎神宮社報「養正」平成二十七年七月一日付・第一四五号所収

秋月左都夫と吉田茂の終戦工作　宮崎民俗学会編『みやざき民俗』平成二十七年三月三十一日付・第六十七号所収

あとがき

宮崎に帰郷したのは平成二十年四月のことであつた。

これを機に、神社本庁総合研究所研究生の委嘱を受けた。研究テーマとしたのは、宮崎市の平和台にある「平和の塔」。塔に刻まれてゐる「八紘一宇」は、宮崎神宮のご祭神・神日本磐余彦天皇（初代神武天皇）が発せられた、「橿原建都の令」からの造語だからである。担当指導教員は、近現代神道史の権威、阪本是丸國學院大學教授であつた。爾来、先生にご指導を受けながら、十年に亘り研鑽を積み、十本ほどの論文を発表してきたが未だ途上である。ただ、その間の調査研究で得た知見は大きな財産となつてゐる。本丸を責めるに力なく、せめて外堀からでもと思ひ、郷里の宮崎に関する埋もれた歴史事象の紹介に努め、人物論を中心に小論を紡いできたのである。ところが侮れない。筆者の興味をそそる事件や人物が存外に多いことに気付かされた。

一方気になつたのは、我々の身近な世代である父祖の足跡について、宮崎県民の関心が薄いやうに感じられたことだ。神話や民俗研究は多数ありながら、その成果が最も県民に浸透し、かつ具体的行動として発揮されてきた明治以降の近現代史の歩みについて書かれたものが、極めて少ないと思はれたのである。よつて本書は、神道的信仰や思想が強く息づいてゐた時代の、宮崎県の歴史断片や人物にスポットをあてた「郷土史」とした。「八紘一宇」の展開を研究する過程で、一見、無関係に見えるやうな事柄も、筆者にとつては神道的事象の範疇にある。また、中央から見た目線は外さないやうに努め、可能な限り、明治から昭和の先の大戦までを時代順に扱つたつもりである。そして拘つた点は、消えかけてゐた残照への一灯である。

その思ひは、『米良の桜』といふタイトルにも込めたところである。

平泉澄東京帝国大学教授は、昭和十四年に米良を訪れてをり、菊池一族の勤王美と山桜の美を擬《なぞら》へて、「米良の櫻」といふ一文を書かれた（一五〇頁参照）。この響きが、とても気に入つたといふ点と、博士の「別に櫻の名所といふわけではありませんが、花の咲くころになると想ひ起します」との回顧が、本書で取り上げた人物群の生きざまと重なつたのである。

米良の桜は、僻陬《へきすう》の地にあつて観光用にライトアップされることもない。しかしながら、急斜面に確《しつか》りと根を張り春には満開の花を咲かせ、静かに散つてゆく。この素朴で儚い山桜の美を、人物事象のなかにも見いだし得て、一本としたのである。

ところで、執筆意欲は父の龍彦ゆづりかも知れない。これといつて手ほどきを受けたことはないが、大きな影響を受けてゐると感じる。また、自著数冊を含め大量の書籍を遺し、自らが師とした神道人とのパイプを引き継いでくれたことが、私の拙い文章の命脈となつてゐる。このやうな貴重な財産を遺してくれた父が亡くなつて、早や十年の歳月が流れた。少しは成長した姿を見せられたであらうか。先づは霊前に本書を捧げたい。

刊行にあたつては、多くの論考を通して示唆を与へて下さる阪本先生に、感謝の言葉を申し上げねばならない。先生には本書の序文まで寄せていただいた。また、本書の題字を揮毫してくださつた杉田秀清宮崎神宮宮司はじめ、神職のかたはら研究に励む筆者の「神明奉仕」振りに理解を示してくれる職員の方々にも謝辞を申し述べたい。さらには、貴重な誌面を与へてくださる「日本学協会」の代表・平泉隆房金沢工業大学教授や、「西郷南洲顕彰館」の徳永和喜館長、そして「宮崎民俗学会」の原田解会長や那賀敦史氏の協力なくしては、本書の上梓はなかつた。編集の任にあたられた鉱脈社の川口敦己社長と久保田聖氏にもお骨折りをいただいた。多くの先人たちの学恩にも感謝し、「あとがき」としたい。

父龍彦十年祭の日に　平成三十年一月七日　黒岩　昭彦

著者略歴

黒岩　昭彦（くろいわ　あきひこ）

昭和38年　宮崎県児湯郡新富町生まれ
昭和57年　宮崎県立妻高等学校卒業
昭和61年　皇學館大学文学部神道学科卒業
昭和61年　橿原神宮（奈良県）奉職
平成３年　神社本庁（東京）奉職
この間、神道政治連盟中央本部事務局員を経て、同11年神社本庁広報課長、同16年本宗奉賛課長（兼て伊勢神宮式年遷宮広報本部事務局長・㈶伊勢神宮式年遷宮奉賛会第２業務部課長）を務め、「第62回伊勢神宮式年遷宮」の業務に携はる。
平成20年　宮崎神宮禰宜拝命
平成25年　宮崎神宮権宮司拝命（現在に至る）

編著　『堺定むる ― 黒岩龍彦大人命追悼集』（神社新報社　平成21年）
共著　『昭和前期の神道と社会』（弘文堂　平成28年）
論文　「『八紘一宇』の展開 ― 帝国議会の審議経過を中心に」（『神社本庁総合研究所紀要』第19号　平成26年）、「『八紘一宇』の具象化 ― 八聖殿から八紘之基柱へ」（『神道宗教』第241号　平成28年）、「内務官僚・相川勝六の『敬神』」（『國學院大学研究開発推進センター研究紀要』第12号　平成30年）等

みやざき文庫 128

米良の桜

── 宮崎から見た歴史断片

2018年3月10日 初版印刷
2018年3月16日 初版発行

編　著　黒岩 昭彦

発行者　川口 敦己

発行所　鉱脈社
宮崎市田代町263番地　郵便番号880-8551
電話0985-25-1758

印　刷
製　本　有限会社 鉱脈社